U0113156

知·飙

鲁迅的書店

薛林荣 著

浙江古籍出版社

图书在版编目（CIP）数据

鲁迅的书店 / 薛林荣著 . -- 杭州：浙江古籍出版
社 , 2022.11
（知·趣丛书）
ISBN 978-7-5540-2381-5

Ⅰ . ①鲁… Ⅱ . ①薛… Ⅲ . ①鲁迅（1881–1936）—
人物研究 Ⅳ . ① K825.6

中国版本图书馆 CIP 数据核字（2022）第 188990 号

鲁迅的书店

薛林荣　著

出版发行	浙江古籍出版社	
	（杭州市体育场路 347 号）	
网　　址	https://zjgj.zjcbcm.com	
责任编辑	伍姬颖	
责任校对	吴颖胤	
封面设计	吴思璐	
责任印务	楼浩凯	
照　　排	杭州时代出版服务有限公司	
印　　刷	浙江新华印刷技术有限公司	
开　　本	787mm×1092mm　1/32	
印　　张	9.25	
字　　数	180 千字	
版　　次	2022 年 11 月第 1 版	
印　　次	2022 年 11 月第 1 次印刷	
书　　号	ISBN 978-7-5540-2381-5	
定　　价	65.00 元	

如发现印装质量问题，影响阅读，请与印刷厂联系调换。

目　录

下　卷

引　言

　　鲁迅为书而生，以书为生，藏书写书是他一生的"本业"。据统计，现存鲁迅毕生藏书共 4062 种，计 14000 余册，其中包括中文书 2193 种，外文书 1869 种。（陈青庆《鲁迅藏书研究的历史与现状》，《作家》2017 年第 12 期）鲁迅说："本来，有关本业的东西，是无论怎样节衣缩食也应该购买的，试看绿林强盗，怎样不惜钱财以买盒子炮，就可知道。"

　　既然藏书是本业，则势必要不惜钱财与书店长期密切地交往。据笔者不完全统计，鲁迅一生直接和间接共与 100 多家书店打交道，这些书店遍布中、日、欧洲各国，藏书情形正如许广平所说："……鲁迅藏书点滴得来不易，有为朋友馈赠可作纪念的，有为几十年的精力亲自陆续搜求的。他没有阔人延聘南北专人坐镇罗致善本的威力，仅凭个人足迹所及，即节衣缩食买来，如到厦门、广州、杭州，便即往书肆找寻，往往坊间绝迹之书，如广雅书局出版的杂著，亦必托人买来。未出北京前，每有日文图书，亦由书店挑选送到。在上海，月必大量添购书籍，在上海时蟫隐庐之书和中国书店之目录，固然以之仔细寻找其爱读物，即《嘉业堂丛书》不在上海出售，亦必辗转托人购置……此外，法国出版的木刻版画，收到时发现有不全的，亦必再三托人向旧书肆高价搜求寄来。"（许广平《鲁迅手迹和藏书的经过》，《图书馆》1961年第4期，第5页）

鲁迅与书店的关系，小而言之，反映的是买书卖书的商品交换关系，大而言之，反映的则是作家与社会的互动关系——精神消费、人情往来等等。这些书店，有的在鲁迅的创作和生活中扮演着重要的角色，如内山书店，与鲁迅唇齿相依，不仅是鲁迅买书的地方，也是他在上海九年间的公共书房、接待室、授课室、收发室、避难处，是其生活、写作、社交的总策源地。有的伴随其藏书活动始终，如日本东京丸善书店、上海来青阁书庄和蟫隐庐书庄。有的则是应需而往，如日本人在北京东单牌楼开办的东亚公司，这里的商店附带销售日文书籍；再如当年上海专售外文书的别发洋行、伊文思图书公司。有的则是鲁迅生命中的过客，如日本东京的相模屋、民国初年在上海滩"昙花一现"的食旧廛。

鲁迅与各色书店打交道的过程反映着书店业态的荣枯、出版文化的变迁、文坛气候的冷暖，以及世间人情百态，是观察鲁迅生命的一个特殊的窗口。

上卷

奎元堂

"有书买的大街离我家远得很"

据鲁迅自述,他童年对书的渴慕是从他的远房叔祖周兆蓝那里"惹起来的"。

周兆蓝(1844—1898),字玉田,是个秀才。"他是一个胖胖的,和蔼的老人,爱种一点花木,如珠兰,茉莉之类,还有极其少见的,据说从北边带回去的马缨花。""在我们聚族而居的宅子里,只有他书多,而且特别。"鲁迅在他的书斋里见过陆玑的《毛诗草木鸟兽虫鱼疏》,还有许多名目很生的书籍。那时候鲁迅最爱看的是《花镜》,上面有许多图。叔祖告诉鲁迅,有一部绘图的《山海经》,"画着人面的兽,九头的蛇,三脚的鸟,生着翅膀的人,没有头而以两乳当作眼睛的怪物",可惜不知道放在哪里了。

鲁迅很愿意看看这样的图画,但又不好意思逼他去寻找,因为他的叔祖是很疏懒的。问别人呢,谁也不肯真实地回答他。"压岁钱还有几百文,买吧,又没有好机会。有书买的大街离我家远得很,我一年中只能在正月间去玩一趟,那时候，两家书店都紧紧地关着门。"

这是鲁迅童年对书店的印象：两家书店在很远的大街上，一年只有正月间才能去玩一趟，并且书店都关着门。

自从叔祖说起这部《山海经》，鲁迅玩罢一坐下，就想起来了。他的保姆长妈妈发现了这一情况，问他是怎么一回事，鲁迅就对她说了。过了一段时间，长妈妈告假回家，返回的时候一见面，就将一包书递给鲁迅，高兴地说："哥儿，有画儿的'三哼经'，我给你买来了！"

鲁迅非常形象地描述他当时的心理："我似乎遇着了一个霹雳，全体都震悚起来；赶紧去接过来，打开纸包，是四本小小的书，略略一翻，人面的兽，九头的蛇……果然都在内。"

这四本书，是鲁迅最初得到、最为心爱的宝书。这事使鲁迅不再计较长妈妈"谋害隐鼠"带来的怨恨，他对长妈妈发生新的敬意了，认为别人不肯做或不能做的事，她却能够做成功。"她确有伟大的神力。"

其实那部书是一部刻印都十分粗拙的本子。"纸张很黄；图像也很坏，甚至于几乎全用直线凑合，连动物的眼睛也都是长方形的。但那是我最为心爱的宝书，看起来，确是人面的兽；九头的蛇；一脚的牛；袋子似的帝江；没有头而'以乳为目，以脐为口'，还要'执干戚而舞'的刑天。"

从此以后，鲁迅就开始搜集有绘图的书。周建人回忆，鲁迅把过年时候的压岁钱等所得的钱，总去买画谱。慢慢地有了石印的《尔雅音图》和《毛诗品物图考》，又有了《点石斋丛画》和《诗画舫》。他还另买了一部石印的《山海经》，"每卷都有图赞，绿色的画，字是红的，比那木刻的精致得多了"。但那木刻的一本却已经记不清是什么时候失掉了。

《山海经》可以说是鲁迅一生购书的童年原点，对他影响深远。当鲁迅后来热情地收集并介绍国外木刻的时候，其中一定有这本图画书所带来的原初记忆。

买来的第一部书

关于鲁迅所买的《毛诗品物图考》，周作人也写过相关回忆文章。

据周作人记述，鲁迅从小就喜欢书画，也就是普通的一册一册的线装书与画谱。最初买不起书，只好借了绣像小说来看。祖父因事下狱后，鲁迅和周作人被寄存在皇甫庄大舅父家里，鲁迅"向表兄借来一册《荡寇志》的绣像，买了些叫作吴公纸的一种毛太纸来，一张张的影描，订成一大本，随后仿佛记得以一二百文钱的代价卖给书房里的同窗了"。鲁迅对影描绣像小说乐此不疲，回家以后还影写了好些画谱，比如马镜江的《诗中画》、王冶梅的《三十六赏心乐事》。

以上是抄书和影描阶段。"后来压岁钱等等略有积蓄，于是开始买书，不再借抄了。顶早买到的大约是两册石印本冈元凤所著的《毛诗品物图考》，这书最初也是在皇甫庄见到，非常欲羡，在大街的书店买来一部，偶然有点纸破或墨污，总不能满意，便拿去掉换，至再至三，直到伙计烦厌了，戏弄说，这比姊姊的面孔还白呢，何必掉换，乃愤然出来，不再去买它。这书店大约不是墨润堂，却是邻近的奎照楼吧。这回换来的书好像又有什么毛病，记得还减价以一角小洋卖给同窗，再贴补一角去另买了一部。"

鲁迅自己说《山海经》是他最初得到的最为心爱的宝书，这与周作人所说鲁迅顶早买到的是两册《毛诗品物图考》并不矛盾，因为前者是受赠于人，后者才是自己用积蓄所买。他看书的时候也格外注意："翻时很仔细，先看指上有无墨迹或是否肮脏，总是用指头拿书页折缝上方印有一条阔墨线处去翻，因为这样不会弄脏。"鲁迅对图书还有洁癖，也有当代人所说的"强迫症"，一本书几次三番地换，把伙计都弄厌烦了，还出言讽刺鲁迅。鲁迅把书减价一角卖给同窗，又贴补一角另买了一部，真是不达目的决不罢休，小小年纪也很有经营的头脑。

周家在绍兴是大家，"家中原有几箱藏书，却多是经史及举业的正经书，也有些小说如《聊斋志异》，《夜谈随录》，以至《三国演义》，《绿野仙踪》等，其余想看的须得自己来买添，我记得这里边有《酉阳杂俎》，《容斋随笔》，《辍耕录》，

《池北偶谈》,《六朝事迹类编》,《二酉堂丛书》,《金石存》,《徐霞客游记》等"。新年出城拜岁,来回要一整天,船中枯坐无聊,只好看书消遣,周氏兄弟放在"帽盒"中带了去的大抵是图书集成局的扁体字《游记》或石印本《金石存》。

"其余想看的须得自己来买添"。那究竟买了什么书呢?除了上述《毛诗品物图考》,"此外陈淏子的《花镜》恐怕是买来的第一部书,是用了二百文钱从一个同窗的本家那里得来的"。

《毛诗品物图考》"大约"是顶早买到的书,《花镜》"恐怕"是买来的第一部书,究竟哪一部书买得更早,周作人自己也说不清楚,其实也无关紧要,总之,鲁迅童年最喜欢图画类的书。

鲁迅还陆续买了一些石印的画谱,比如《芥子园画传》。"《唐代丛书》买不起,托人去转借来看过一遍,我很佩服那里的一篇《黑心符》,钞了《平泉草木记》,豫才则抄了三卷《茶经》和《五木经》。"

以上是一部一部零星买书,后来终于买了一部小丛书:"好容易凑了块把钱,买来一部小丛书,共二十四册,现在头本已缺无可查考,但据每册上特请一位族叔题的字,或者名为'艺苑捃华'吧,当时很是珍重耽读,说来也很可怜,这原来乃是书估从龙威秘书中随意抽取,杂凑而成的一碗'拼拢坳羹'而已。"(周作人《关于鲁迅》,选自《瓜豆集》,北京十月

文艺出版社 2012 年版，第 169 页）

了解鲁迅童年所买之书有什么意义呢？周作人说得非常准确："这些事情都很琐屑，可是影响却颇不小，它就'奠定'了半生学问事业的倾向，在趣味上到了晚年也还留下好些明了的痕迹。"

奎元堂

鲁迅到教育部工作后，曾于 1913 年 6 月 19 日至 8 月 7 日回绍兴省亲，其间与绍兴旧书店奎元堂多次打交道，并曾到明达书庄、墨润堂等书店买过书。

鲁迅当年 6 月 24 日到家，走亲访友、参加社会活动之余，6 月 28 日"上午同三弟往大街闲步，又往第五中学校访旧同事。出过故书肆，取《说铃》前集一部十册，以清旧款"。

"故书肆"是哪个旧书店，未详。从"以清旧款"的说法看，这个书店应该与周氏兄弟打交道较多，似乎还存有周氏兄弟购书的余款，因此，鲁迅买了一部《说铃》，把旧款清理了。毕竟鲁迅将要长期在北京上班，老二老三此后也将陆续北上，与书店的旧款还是及时结清为好。

《说铃》是一部由吴震方编纂的笔记小说，与王士祯《香祖笔记》《池北偶谈》、王晫《今世说》等同属清初歌功颂德型志人小说，作者想通过对清初著名文人轶事的描写歌颂清初承平景象。

鲁迅是自日本海归的知识分子，又在教育部工作，这次回乡省亲自然引起了旧书店的注意，连续三天都有书商上门推销旧书。

6月29日，"上午书贾持旧书来，绝少佳本，拣得已蠹原刻《后甲集》二册，不全明晋藩刻《唐文粹》十八册，以金六圆六角买之"。《后甲集》是清代章大来创作的诗文集。《唐文粹》是宋代姚铉（967—1020）所编唐代诗文选本。

6月30日，"午后书贾王晴阳来，持有《质园集》一部，未买"。王晴阳，绍兴旧书店奎元堂主人。《质园集》应是《质园诗集》，清代绍兴人商盘撰，计三十二卷。

7月1日，"书贾王晴阳来，持有童二如《画梅歌》诸家评本一部，共三册，有二如自题目，未买"。童二如，山阴人，余不详。

王晴阳两次上门推销书，鲁迅都没有买，因此后来王晴阳就不再上门了。但到了7月13日，鲁迅与周作人去奎元堂，却做成了一笔大买卖："下午往绍兴教育会，同二弟至奎元堂看旧书，买得《六十种曲》一部八十册，王祯《农书》一部十册，共银二十六元。"

《六十种曲》是古代戏曲作品选集，又称《汲古阁六十种曲》，明末毛晋（1599—1659）编。毛晋雅好搜藏和刻本，吴伟业在《汲古歌》中称其"搜求遗佚悬金购，缮写精能镂版工"，曾校刻有《十三经》《十七史》等鸿篇巨制。这部书鲁迅向往已久，因此斥资 24 元买了下来。

8 年后的 1921 年 4 月 7 日，鲁迅经济困难，就把这套书以 40 元的价钱卖掉了。

此外，绍兴奎元堂也石印一些课本和启蒙读物，比如，陆铭勋作、邵在南绘图的《绘图九千字文》等。

鲁迅这次省亲，还在明达书庄和墨润堂买过书。

1913 年 7 月 5 日，"午后同二弟、三弟往大街明达书庄买会稽章氏刻本《绝妙好词笺》一部四册，五角六分。又在墨润堂买仿古《西厢十则》一部十本，四元八角"。明达书庄未详，墨润堂本书另有叙述。《绝妙好词笺附续钞》是清人查为仁、厉鹗据宋人周密《绝妙好词》所作，书中大体反映了清人对词的价值观。

1919 年 12 月鲁迅卖掉绍兴新台门老宅，举家迁居北京时，曾将部分书籍存于当时绍兴县皋北乡洋滨村张梓生处。

张梓生（1892—1967），字君朔，浙江绍兴人。鲁迅在浙江师范学校任校长时，他是该校《礼记》《经学》等古文课程的教师，后来任商务印书馆《东方杂志》编辑，还编辑过《申报·自由谈》。

到了 1924 年 3 月 15 日，鲁迅时居砖塔胡同，"旧存张梓生家之书籍运来，计一箱，检之无一佳本"。时过境迁，眼光也不同往日了。

墨润堂

鲁迅赴京后回过故乡绍兴三次，除最后一次变卖祖屋无暇他顾外，另外两次都往墨润堂买书。

1913年7月，鲁迅回乡省亲，7月5日，"午后同二弟、三弟往大街明达书庄买会稽章氏刻本《绝妙好词笺》一部四册，五角六分。又在墨润堂买仿古《西厢十则》一部十本，四元八角"。

1916年12月，鲁迅回乡庆祝母亲六十大寿，12月8日，"午后同二弟至中学校访章鲁瞻、刘楫先。至元泰访心梅叔。至墨润堂买玉烟堂本《山海经》二册，《中州金石记》二册，《汉西域传补注》一册，共直三元"。

先说墨润堂。

墨润堂在绍兴书史上占有一席之地。据绍兴地方文史学者结合《浙江潮》《稽山中学》等刊物透露的信息研究，墨润堂建楼时间应在1867年至1876年间。创建人是徐友兰，继承者是其子徐维则、徐滋霖。其中徐维则长于图书编目、金石收集、编著史志。

近代浙江省绍兴郡有两位姓徐的藏书家，一位是"古越藏书楼"主人徐树兰；另一位则是徐友兰。两人是兄弟。蔡元培于 1886 年至 1890 年为徐友兰子徐维则做伴读，并校正《绍兴先正遗书》中的 4 种，借这个机会博览了徐家藏书，学问大进。（郑伟章《徐友兰铸学斋藏书及其与蔡元培之关系》，《文献》1988 年第 4 期，第 189 页、第 195 页）

徐友兰（1842—1905），字佩之，徐树兰胞弟，曾与罗振玉、朱祖荣等创办上海务农会和《农学报》。藏书楼有"铸学斋""述史楼""熔经铸史斋""八杉斋""融经馆"等，先后积藏达 10 万余卷。编撰有《述史楼书目》1 册，著录图书 2100 余种；《述史楼语古录》著录宋元刻本、明清刻本和稿本、抄本众多。刊刻有《会稽徐氏述史楼丛书》《铸学斋丛书》《绍兴先正遗书》《融经馆丛书》等，刻印均雅丽。

墨润堂建在哪里？

1903 年 2 月中国留日学生浙江同乡会成员蒋百里、厉绥之等在日本东京创办的刊物《浙江潮》是当时影响较大的一份留日学生刊物，该刊设有社说、记事、文苑、时评、调查会稿、浙江文献录等栏目。在当年的《浙江潮》第八期"调查会稿"中，收有绍兴府城书铺一览表，按店名、开设年月、书籍新旧程度、规模、住址、程度分别描述了特别书局、万卷书楼、墨润堂、会文堂、聚奎堂、奎照楼、永思堂七家书铺。"表格显示，墨润堂位于水澄桥，其规模在绍兴同类书坊中属'高'的那种，主要经营书籍，新旧皆有"。（参见鲁先进《百年书坊墨润堂：期待重树》，《绍兴日报》2020 年 6 月 17 日。下同）

民国二十五年（1936），墨润堂在刊物《稽山中学》第六期上刊登了一则广告，该广告显示，墨润堂的详细地址为水澄桥一八号。水澄桥位于现在越城区解放路与胜利路交叉口，当时是府河流经之处，比较繁华。

《绍兴市志》记载，墨润堂位于府城大马路水澄桥南首，店面坐东朝西单开间，蔡元培为之题"墨润堂书苑"匾额。继由其孙徐心若经营，经理谢天爵，后宁波人柯周良接任。

墨润堂图书门类较为齐全，也承接其他书局的批发业务，主要经销上海商务、中华、大东、开明、三联等书店或书局的教科书及其他图书，兼营文具用品。

墨润堂还自设作坊印书，自印自销。"那些印书的雕版，曾成堆地保存于绍兴越城区城南栖凫村徐氏洋房后院达十年之久。"据统计，浙江省公藏单位有墨润堂印行的古籍达389种、1466册，分藏在浙江图书馆等36家单位。

墨润堂的印书方式，有木刻、铅印、石印三种。"按印书时间，最早为清光绪二年（1876）的医方《汤头歌诀》，最晚的为民国二十九年（1940）的《济阴纲目》。"有一张民国十二年（1923）绍兴墨润堂发行的《绍兴府城衢路图》，还出现在上海华宇拍卖有限公司2019年春季拍卖会上。

从图书内封、牌记、版权等看，墨润堂有几种不同的称呼：古越墨润堂、绍兴墨润堂书苑、绍兴墨润堂书庄、越中墨润堂书苑、浙绍墨润堂、浙绍墨润堂书局、浙绍墨润堂书庄。

1923年绍兴墨润堂发行《绍兴府城衢路图》

部分印书有"浙绍徐墨润堂精造书籍"朱戳，如《唐诗三百首》《四书集注》。"按图书内容，以四书五经、蒙学类为主，次为医书、风水、四柱，其他包括史书、印谱等也有所印行。"

　　墨润堂是许多绍兴籍学者访书的地方，除鲁迅之外，陶成章、蔡元培等人也常常光顾。陶成章在东湖通艺学堂任教时，常去墨润堂看书。蔡元培任职绍郡中西学堂总理时，在墨润堂买过叶氏天文、地理、植物三歌略，《西学启蒙》《蒙学报》《英文初范》以及体操书一类的图书。

1950 年，墨润堂停业。徐道方（徐滋霖无子，徐维则将次子徐世府出嗣于弟，徐世府育有一子，即徐道方）重开墨润堂，地址是今鲁迅路孔乙己铜像斜对面的几间平房，后于 1997 年迁至步行街，由徐道方儿子经营，他们根据王德轩提供的蔡元培"墨润堂书苑"复印件做了招牌。2010 年前后，墨润堂经营范围转向礼品类，书店形存实亡。

再说鲁迅两次在墨润堂买到的图书。

1913 年 7 月，鲁迅买到了仿古《西厢十则》一部十本，四元八角。《西厢十则》即明代凌濛初所作《西厢记范例十则》。凌濛初（1580—1644），浙江湖州府乌程县（今浙江省湖州市吴兴区）人，明代文学家、小说家和套版印书家。

1916 年 12 月，鲁迅买到了玉烟堂本《山海经》二册，《中州金石记》二册，《汉西域传补注》一册，共三元。

鲁迅对《山海经》情有独钟，算起来至少有三部。除了长妈妈给他买的一部外，这次又买了一部"玉烟堂本"。这其实是清代歙县项氏群书玉渊堂依宋本校刻本。1926 年 10 月 14 日，"下午伏园往市，托其买《山海经》一部二本，五角"。这一本是《四部丛刊》初编影印明成化六年刊本。正因为占有了很多资料，鲁迅在《中国小说史略中》作出判断：《山海经》"盖古之巫书也"。鲁迅作品中，处处可见来自《山海经》的典故，比如后来改为《补天》的短篇小说最初就叫《不周山》。

《中州金石记》是毕沅的作品。毕沅（1730—1797），今江苏太仓人，清代著名学者，曾任甘肃巩秦阶道道台、安肃道道台、陕西按察使、陕西布政使、河南巡抚、湖广总督，著作等身，"虽官至极品，铅椠未曾去手"。他编纂完成了220卷的《续资治通鉴》和300卷的《史籍考》，精通经史，旁及语文学、金石学、地理学等。金石学上，他广为收集铜铭碑刻，编辑成《关中金石记》《中州金石记》《山左金石志》《三楚金石志》《两浙金石志》等书。

《汉西域传补注》即《汉书西域传补注》，二卷，地理书，清徐松撰。徐松（1781—1848），今北京人，官至陕西榆林府知府。他博览群书，遍游天山南北两路，记山水曲折，作《西域水道记》五卷，《新疆志略》十卷，后又作《汉书西域传补注》二卷，都以其亲身经历目睹为据。如"葱岭"下注云："今伊犁西南境善塔斯岭即葱岭之一山，山上悉生野葱。""大宛马汗血"下注云："今伊黎马之强健者，前膊及脊往往有小疮出血，名曰伤气，必在前肩膊者，以用力多也。"此读书游历两相得也。

丸善书店

丸善书店，早矢仕有的 1869 年创办于横滨，1870 年迁至东京日本桥区（今中央区）通三丁目（后改名通二丁目），1893 年改称丸善株式会社，是日本第一家以经营西洋书为主的书店，兼卖服装、文具。

丸善书店的创办人早矢仕有的于 1837 年出生于美浓国（今岐阜县），早年开设医馆，后慕名投入教育家福泽谕吉门下，学习西医、英文和经济学。福泽看出他有非凡的商业才能，鼓励他投身实业。明治二年（1869），早矢仕有的在横滨创办"丸屋商社"，最初叫"丸屋善七"。时值明治维新，日本社会对西方科学文化的需求十分旺盛，丸善商社生逢其时，及时回应时代需求，大量销售外国书籍。在福泽谕吉的指点下，早矢仕于 1880 年引入西方股份制公司管理模式，将所有权和经营权分开，成立了丸善株式会社，积极引进欧陆自然、人文、社会科学诸领域最前沿的学术著作，同时还兼营高级文具。这一转型使丸善获得了更大的经济效益，从丸善购书阅读也成了日本精英知识分子接受西方文化的重要途径。明治时代小说家田山花袋在回忆录《东京三十年》中写道："透过丸善的二楼，19 世纪欧洲大陆澎湃的思潮也在不间断地轻微拍打着这个远东的孤岛。"

从明治三十一年（1898）开始，丸善书店开始发行书券，顾客可凭书券换取等值的书籍和文具。据鲁迅日记，1917年8月30日，"上午寄丸善书店泉廿，买书券"。

丸善书店服务好，渠道畅通，书籍种类齐全，周氏兄弟在东京留学时，大多数洋书都购自丸善书店，特别是早期合译《域外小说集》时，从丸善书店购买了大部分材料。

周氏兄弟与丸善书店的交往长达30余年。鲁迅日记中，有关丸善书店的记录多达70余处，足见其在鲁迅心目中的重要地位。

"丸善门面大，书架上陈列的多为西文书。鲁迅与该店主人也很熟，而且对该店特别感兴趣，因为这是几个穷学生办起来的。最初规模小，后来惨淡经营，逐步扩大，终于成了有名的大书店。鲁迅曾向他们了解办好书店的经验。后来鲁迅创办未名社，成员亦多为穷学生，起先大家信心不足，鲁迅便以丸善经验相告，使青年们大受鼓舞，终于打开局面，为我国新文学事业的开拓和发展作出了贡献。"（罗慧生《鲁迅与许寿裳》，浙江人民出版社1982年版，第17页）

鲁迅留学日本期间，买不到的书就托丸善书店到德国邮购，有时是直接请托，有时是转托相模屋书店。

许寿裳回忆："我和鲁迅不但同居，而且每每同行，如同往章先生处听讲呀，同往读德文呀……又同访神田一带的旧书铺，同访银座的规模宏大的丸善书店呀……每每弄得怀里空空而归。"（许寿裳《亡友鲁迅印象记》，人民文学出版社 1953 年版，第 28 页）

1906 年，鲁迅手写了一份《拟购德文书目》，共 127 种，包括《挪威中篇小说集》《波兰中篇小说集》《匈牙利中篇小说集》《希腊小说集》等，还有契诃夫、安特来夫、莫泊桑、望·蔼覃等人的作品，以及英国、德国、希腊、俄国、意大利、葡萄牙、西班牙等国的文学史，托丸善书店在德国购买。

1906 年秋至 1907 年夏，鲁迅住在伏见馆公寓一心学习外国文，有一个时期曾往"独逸语学协会"所设立的德文学校去听讲，这一时期，鲁迅集中精力购买德文书籍。

本来在东京也有专卖德文的书店，名叫南江堂，丸善书店里也有德文一部分，不过那些哲学及医学的书专供大学一部分师生之用，德国古典文学又不是他所需要的，所以新书方面现成的买得不多，说也奇怪，他学了德文，却并不买歌德的著作，只有四本海涅的集子。他的德文实在只是"敲门砖"，拿了这个去敲开了求自由的各民族的文学的门，这在五四运动之后称为"弱小民族的文学"，在当时还没有这个名称，内容却是一致的。具体的说来，这是匈牙利、芬兰、波兰、保加利亚、波希米亚（德文也称捷克）、塞尔维亚、新希腊，都是在殖民主义下挣扎着的民族，俄国虽是独立强国，因为人民正在力争自由，发动革命，所以成为重点，预备着力介绍。就只可惜材料很是难得，因为这些作品的英译本非常稀少，只有德文还有，在瑞克阑姆小文库中有不少种，可惜东京书店觉得没有销路吧，不把它批发来，鲁迅只好一本本的开了账，托相识的书商向丸善书店定购，等待两三个月之后由欧洲远远的寄来。他又常去看旧书摊，买来德文文学旧杂志，看出版消息，以便从事搜求。有一次在摊上用一角钱买得一册瑞克阑姆文库小本，他非常高兴，象是得着了什么宝贝似的，这乃是匈牙利爱国诗人裴多菲所作唯一的小说《绞吏的绳索》，钉书的铁丝锈烂了，书页已散，他却一直很是宝贵。他又得到日本山田美妙所译的，菲律宾革命家列札尔（后被西班牙军所杀害）的一本小说，原名似是"社会的疮"，也很珍重，想找英译来对照翻译，可是终于未能成功。（周作人《鲁迅的青年时代》，北京十月文艺出版社2013年版，第41—42页）

1908年，鲁迅通过丸善书店，从德国邮购了《堂吉诃德》德译本，即德国《莱克朗氏万有文库》本的64开平装本，鲁迅一直珍藏着这个版本。

鲁迅对堂吉诃德这个人物很是偏爱，堂吉诃德在鲁迅的文学视野中占有一席之地。20世纪二三十年代，鲁迅还搜集了日本岛村抱月、片上伸合译，大正四年东京植株书院再版的《堂吉诃德》精装本（二册），以及法国著名画家陀莱的插图单印本《机敏高贵的曼却人堂吉诃德生平事迹画集》（共120幅，1925年德国慕尼黑约瑟夫·米勒出版社出版），并且同时收藏了塞万提斯另一部长篇小说《埃斯特拉马杜拉的嫉妒的卡里扎莱斯》。（姚锡佩《周氏兄弟的堂吉诃德观：源流及变异——关于理想和人道的思考之一》，《鲁迅研究资料》第22辑，中国文联出版公司1989年版，第325页）

鲁迅还煞费苦心地搜集匈牙利诗人裴多菲的文学作品，买书的过程，鲁迅在《为了忘却的记念》一文中有详细的描述：

> 那两本书，原是极平常的，一本散文，一本诗集，据德文译者说，这是他搜集起来的，虽在匈牙利本国，也还没有这么完全的本子，然而印在《莱克朗氏万有文库》中，倘在德国，就随处可得，也值不到一元钱。不过在我是一种宝贝，因为这是三十年前，正当我热爱彼得斐的时候，特地托丸善书店从德国去买来的，那时还恐怕因为书极便宜，店员不肯经手，开口时非常惴惴。后来大抵带在身边，只是情随事迁，已没有翻译的意思了……

文中，《莱克朗氏万有文库》是1867年德国出版的文学丛书。

后来，"左联"五烈士之一的殷夫在"极不安定的生活"

中，从德文译出了《彼得斐传》寄给鲁迅，鲁迅就将他藏的这两本集子送给殷夫："这回便决计送给这也如我的那时一样，热爱彼得斐的诗的青年，算是给它寻得了一个好着落。所以还郑重其事，托柔石亲自送去的。"鲁迅"问他可能再译几首诗，以供读者的参看"。殷夫译出了裴多菲的 9 首诗篇拿给鲁迅。《彼得斐传》和诗，后来便发表在鲁迅主编的《莽原》第 2 卷第 5 期《译文专号》上。

但鲁迅送给殷夫的两本书，不久就因为殷夫的被捕而落在了捕房的手里。为此，鲁迅感觉到很痛惜："落在捕房的手里，真是明珠投暗了。"又说，"谁料竟会落在'三道头'之类的手里的呢，这岂不冤枉！"

回国后，鲁迅还持续不断地通过丸善书店，订购了大量外文书籍。到了晚年，当日本友人增田涉问他："如果你再到日本，最想去的地方是哪里？"鲁迅答："第一个想去的就是丸善，再就是仙台。"可见他对丸善书店眷念之深。

1910 年 5 月，鲁迅赴日本催促周作人夫妇回国，居半月而返，不访一友，亦不游览。去丸善书店看书时，"咸非故有，所欲得者极多，遂索性不购一书"。到了丸善书店，所见都是想得到的书，却没有买一本，生活之窘迫可想而知。同时，这也让鲁迅感到"闭居越中，与新颢气久不相接，未二载遽成村人，不足自悲悼耶"，这更加坚定了鲁迅离开绍兴的决心。

1919 年 4 月，周作人向鲁迅寄了两包自丸善书店所购的图书《欧洲文学的各时期》，英国桑次葆莱（G.Saintsbury）编辑，爱丁堡白拉克和特公司出版，共 12 册，但鲁迅收到了 11 册，缺第 12 册，且价钱也相差太远，这一情况鲁迅向周作人作了反馈，嘱其当面问讯清算。信中写道"丸善之代金引换小包已到，计二包，均于今日取出。《欧洲文学之プリオドス》计十一本，所阙者为第十二本（The Later 19 ャンチューリー）。不知尚未出板，抑丸善偶无之，可就近问讯，或补买旧书。又书上写明每本 5s net，而丸善每本乃取四圆十五钱，亦相差太远，似可以质问之也。今将其帐附上，又结算书一件亦附上，记汝曾言当亲向彼店清算也"。

"代金引换"，日语，一种支付方式，即代收货价，顾客订好东西，快递先代为付账，收货后顾客再付钱，收一定手续费。The Later 19 ャンチューリー即《十九世纪的后期》。5s net，英语，实价五先令。

这是周作人向日本丸善书店购买图书，此时鲁迅在北京，周作人在东京，准备回国。"记汝曾言当亲向彼店清算也"，周作人准备亲自与丸善交涉，至于交涉结果如何，则无从知道了。

1921 年 7 月，日本东京的一家书局丛文阁印行了俄国诗人和童话作家爱罗先珂（1889—1952）的童话集《天明前的歌》，鲁迅给周作人写信，讨论从哪里买书，原文如下："不知以丸善为宜，抑不如天津之东京堂（？）乎？"

到了1922年，一位叫宫竹心的人向鲁迅写信询问丸善书店的地址，鲁迅在回信中说："丸善的〔详〕细地址是：日本东京市、日本桥区、通三丁目、丸善株式会社。"

这位宫竹心，视其名字，很多人误以为是日本人，大谬。此人实为山东东阿人，笔名白羽，曾任北京《国民晚报》、《世界日报》、天津《北洋画报》记者、编辑，当时在北京邮政局任职，后成为武侠小说作者。

鲁迅称宫竹心"此人似尚非伪"，好像并不是虚伪之人，但两人的交往比较平淡，基本以前者帮助后者为主，比如鲁迅应宫竹心索请，寄其《欧洲文学史》和《域外小说集》各一册，又将其所译《救急法》推荐给了商务印书馆，也替宫竹心向《晨报》催促稿酬，还回答宫竹心询问的创作及作品问题。当宫竹心请求鲁迅帮助谋求一个教职时，鲁迅也尽力了，并告知其"现在的学校只有减人，毫不能说到荐人的事，所以已没有什么头路"。在二人的通信中，这封信非常重要，是鲁迅唯一一次明确写出丸善书店的地址，为后人寻访书店旧址提供了重要线索。

鲁迅晚年仍通过丸善书店找书，一般通过增田涉。比如1933年10月，鲁迅在写给山本初枝的信中透露，他想找一本法国人Paul Gauguin（保罗·高更）所著 Noa Noa，系记他的Tahiti岛（法属殖民地塔希提岛）之行，"《岩波文库》中也有日译本，颇有趣。我想读的却是德译本，增田君曾代我从丸善到旧书店都寻遍了，终于没找到。于是他寄来法文本一册，我却看不懂。我想东京现在未必有，并且也不那么急需，所以不必拜托贵友。"由此可知，丸善书店是鲁迅搜求书籍的重要场所。

丸善书店是同周作人关系最密切、渊源最深的书店。1906年，周作人初次见到的丸善书店，是铺了地板的旧式楼房，后来失火重建，又毁于大地震，于原地重建洋楼。虽然店面几经改变，但周作人记得的还是最初的旧楼房："楼上并不很大，四壁是书架，中间好些长桌上摊着新到的书，任凭客人自由翻阅，有时站在角落里书架背后查上半天书也没人注意，选了一两本书要请算账时还找不到人，须得高声叫伙计来，或者要劳那位不良于行的下田君亲自过来招呼。这种不大监视客人的态度是一种愉快的事，后来改筑以后自然也还是一样，不过我回想起来时总是旧店的背景罢了。"周氏将这一最初的印象比之于初恋。与之相比较，神田一家卖洋书的中西屋对客人就没那么友好了，因为伙计跟得太凶，把顾客当小偷一样防，令人不满。周作人在丸善买书前后三十年时间，是老主顾，且他所买的洋书"于我有极大的影响"，因此，在周作人的心目中，"丸善虽是一个法人而在我可是可以说有师友之谊者也"。(周作人《东京的书店》，收入《瓜豆集》，北京十月文艺出版社2012年版，第79—81页。下同)

周作人在丸善最早购买的洋书是圣兹伯利（G. Saintbury）的《英文学小史》和泰纳的四册英译本小说。周作人在江南水师学堂学的外国语是英文，但志趣却在大陆文学，或是弱小民族文学上，"不过借英文做个居中传话的媒婆而已"。对这些被压迫民族文学的关注，材料就是从丸善得来的。周作人根据英国倍寇的《小说指南》一书抄出书名，托丸善去定购，费了许多气力与时光，才得到几种波兰、芬兰、匈牙利等国家的作品。周氏对其中匈牙利育珂摩尔的英译本激赏不已，因其不仅东西写得好，印刷装订又十分讲究，"至今还可算是我的藏书中之佳品"。周氏说，他杂览闲书，如丹麦安徒生的童话，英国安特路朗的杂文等，"都给我很愉快的消遣与切实的教导"，这些差不多都是从丸善得来的。

更为重要的是，周作人通过丸善书店邂逅了生命中的良师——著名的性学家霭理斯，这对他产生了极大影响，"末了最重要的是蔼理斯的《性心理之研究》七册，这是我的启蒙之书，使我读了之后眼上的鳞片倏忽落下，对于人生与社会成立了一种见解。古人学艺往往因了一件事物忽然醒悟，与学道一样，如学写字的见路上的蛇或雨中在柳枝下往上跳的蛙而悟，是也"。周作人一生推崇霭斯理，书房苦雨斋中霭斯理的原著多达二十几部，全都购自丸善书店。所以说，周作人认为丸善书店对他有师友之谊。

丸善书店和中国现代新文学发展有着莫大的关联，周氏兄弟之外，许多留日作家如郁达夫都与它渊源颇深，受丸善书店的滋养甚多。郁达夫在他的日记中常提及丸善书店，甚至小说《颓废》中也有提及。稍晚一些的贾植芳也对丸善书店的服务大加赞扬，他写道：只要投函写明自己的专业和爱好，他们就会随时向读者提供有关部类的新书讯息。若有廉价书出售，他们会不失时宜地把书单寄来，听凭读者挑选。无论读者所购的书是新版书还是廉价旧版书，他们会很快地照单把书寄来，读者决定购买了，就把书款汇寄他们；如果看后不中意，可以在一定时间内把书退还给他们，邮资也概由他们支付。他们像相信自己那样地相信读者。

丸善实际上是个综合商社，除了经营图书、各类文具用品外，同时涉足文化设施的建筑装修、图书馆业务，是品位和时尚的象征。1907 年（明治四十年），丸善成为英国文具商迪弗尔在日本的总代理，英国制造的顶级名笔 ONOTO 钢笔在书店出售。这种品牌的钢笔书写流畅，外观精美，明治时代以来一直深受上层知识精英喜爱。夏目漱石的得意门生内田鲁庵在丸善书店上班，用写稿所得从丸善购买了一支优质的 ONOTO 钢笔赠送给恩师。当时丸善店里一支英国进口品牌钢笔，最便宜的 65 日元，相当于小学教师年薪，可谓奢侈品。夏目很喜欢这支名牌钢笔，写了一篇《我与钢笔》的随笔，并将这支钢笔一直用到去世，如今到夏目文学纪念馆还能看到它。

丸善书店也是日本现代文学史的重要地标。大正时期的作家梶井基次郎发表于 1925 年的短篇杰作《柠檬》，讲述的故事就是以丸善书店京都分店为舞台展开的。丸善书店创业 130 周年之际，丸善推出纪念套件"柠檬"，就是小说集《柠檬》和一支柠檬色的钢笔，发行 1000 套，短时间内即被买断货，足见丸善品牌号召力之强大。芥川龙之介也经常上丸善买原版英美文学书籍，小说《齿轮》里就有描述在丸善书店买书的细节。

参考文献：

周朝晖《日本丸善书店为何历经百余年而活力不减》，澎湃新闻 2017 年 5 月 8 日。

钱理群《周作人传》，华文出版社 2013 年版。

张翔、吴萍莉《鲁迅与日本丸善书店》，《上海鲁迅研究》2011 年第 4 期。

相模屋书店

　　鲁迅在日本留学时，常往相模屋书店购书，回国后也经常通过相模屋书店到欧洲购书，特别是德文书。

　　相模屋书店位于东京本乡区真砂町，以营销欧洲书刊为主。周氏兄弟留日时期，书店的主人是小泽民三郎。小泽本是丸善书店的学徒，后脱离丸善书店，自立门户经营书屋，同时与丸善书店保持密切来往，互动良好，相模屋如没有读者需要的书籍现货，小泽就会去丸善书店取书，并为读者提供优惠。他为人热情，人缘好，服务周到，深得周氏兄弟的信任。"他们去得最多的是相模书屋。书屋主人热心文化事业，与鲁迅很谈得来，彼此交上了朋友。相模书屋外文书并不多，不过它与东京几家大书店均有联系，有些书自己没有存货，可代向各大书店查找或代向欧洲订购。"（罗慧生《鲁迅与许寿裳》，浙江人民出版社 1982 年版，第 17 页）

　　鲁迅回国后，与相模屋书店保持着密切的联系，情况如下：

　　1912 年 9 月 9 日，"上午至交民巷日本邮局寄羽太氏信并银二十圆，又寄相模屋信并银三十圆，季市附寄银十圆"。这是鲁迅回国后第一次给相模屋写信并寄书款。

9月18日，"上午得相模屋书店葉书"。葉书者，日语，明信片。

10月18日，"上午得相模屋书店邮片，十二日发"。据此可知东京与北京之间的通邮时间是6天左右。

10月25日，"上午代季市寄相模屋信"。可见许寿裳也通过相模屋购书，有时是委托鲁迅代劳。

11月28日，"上午相模屋书屋寄来《国歌集》两册，价共二角九分，即交沈商耆"。这天正是鲁迅移入绍兴会馆院中南向小舍的日子。《国歌集》，未详，当是为教育部同事沈商耆代购之书。

1913年2月24日，"午后得相模屋所寄小包二个，内《笔耕园》一册，三十五圆；《正仓院志》一册，七十钱；《陈白阳花鸟真迹》一册，一圆，并十二日发"。

3月27日，"午后赴西河沿交通银行以纸币易银。又赴东交民巷日本邮局寄羽太家信并银二十五元，又寄相模屋书店信并银四十五元，又代季寄市寄十五元"。

8月8日，"收相模屋书店信，六月二十六日发，又小包一个，内德文《印象画派述》一册，日文《近代文学十讲》一册，《社会教育》一册，《罪与罚》前篇一册，七月二十六日发"。

1914年4月14日，"上午赴交通银行以百元券易五元小券。赴日本邮局寄羽太家信并银十五元，为重久营中之用，又寄相模屋书店信并银二十元，又代张协和寄五元"。

1915 年 7 月 31 日，"上午往日邮局寄相模屋函并银三十元。二弟买书直也。又代协和寄十元，季上寄二元。还齐寿山二十元"。

1916 年 7 月 13 日，"往日邮局寄相模屋书店函并银三十圆"。

以上和相模屋书店有关的记录共 41 条，时间跨度为 1912 年至 1916 年。不管是汇款还是汇信，鲁迅都是通过日本邮局。他几乎像相模屋书店驻北京"总代购"，不仅给自己买书，还给同事、朋友买书。

当时，鲁迅对传统意义上的德国文学并不感兴趣，像歌德、席勒等大师的名著，他当时一本也没有。他的兴趣集中在欧洲弱小民族作家的德文译本方面。鲁迅想借助他们反抗的呼声，打破旧中国万马齐暗的局面。但俄国文学是一个例外，鲁迅认为，"俄国文学是我们的导师和朋友。因为从那里面，看见了被压迫者的善良的灵魂，的酸辛，的挣扎；还和四十年代的作品一同烧起希望，和六十年代的作品一同感到悲哀。我们岂不知道那时的大俄罗斯帝国也正在侵略中国，然而从文学里明白了一件大事，是世界上有两种人：压迫者和被压迫者！"

鲁迅托相模屋书店到欧洲购买的，大多是这类书。

关于相模屋书店，可见资料甚少，唯周作人在其《东京的书店》一文中，留下了宝贵的记录。

大正时代的神保町书店街（图片出自尹敏志《东京盏余录》）

　　周作人 1906 年赴日，与鲁迅住在东京都本乡町，那一带是首善之区的文教中心，大学、出版社、书店很多，周作人醉心于逛书店，频繁出入各种新旧书店，其《东京的书店》一文就是对淘书访书经历的记录，收入散文集《瓜豆集》。在这篇文章中，周作人详细介绍了许多日本书店，包括丸善书店、中西屋、相模屋书店、郁文堂等。

　　周氏在文中记述，他 1906 年秋第一次走进相模屋书店，买了一册旧小说，是匈牙利的育珂摩耳原作，书名叫《髑髅所说》，美国薄格思译。周作人从卷首罗马字题记中判断出，这是《不如归》的著者德富健次郎的书，觉得很宝贵，就买下了。辛亥年（1911）回国前，周作人觉得育珂这篇小说没有翻译的可能，同时"对于德富氏晚年笃旧的倾向有点不满"，于是和别的旧书一起卖掉了。但是事后又觉得可惜。后来周作人于民国八年（1919）又去东京，在南阳堂的书架上竟然又遇到了这本书，"似乎他直立在那里有八九年之久了"，于是赶紧又买回来。

周作人认为，小泽民三郎是"可以谈话的旧书商人"，他与相模屋书店的交往似乎比鲁迅还要密切。由于相模屋书店可以代读者去丸善书店拿书，于是周作人托其买了该莱（Gaylay）的《英文学上的古典神话》，以及色刚姆与尼柯耳合编的《英文学史》绣像本第一分册，从此与相模屋书店交往日深，一个时期，相模屋书店几乎成了周氏的书籍代理店。

1911 年，周作人回国乡居。由于要研究儿童学和其他学科，周作人对于西书阅读需求极大，而国内的购书渠道又难以满足他的需求，因此，乡居六年，周作人继续从日本购买书籍，其中相模屋是最重要的一个通道。从其日记观察，相模屋出现的频次远远高于丸善书店。在《东京的书店》一文中周作人这样描述："辛亥回到故乡去后一切和洋书与杂志的购买全托他代办，直到民五小泽君死了，次年书店也关了门，关系始断绝，想起来很觉得可惜，此外就没有遇见过这样可以谈话的旧书商人了。"（周作人《东京的书店》，收入《瓜豆集》，北京十月文艺出版社 2012 年版，第83页）

1916 年，小泽民三郎去世，次年该店倒闭。

周作人在相模屋的购书记录停留在 1916 年 8 月 11 日，这天的日记中，周作人记"得サガシヤ二日寄《乡土研究》一册，《葱菜料理》一册"。相模屋书店 1917 年关门，此后，日本"石川"为周作人短暂代购 3 次书刊，之后便直接由丸善书店代购。

参考文献：

朱航满《东瀛书肆闲抄》，《开卷》2016 年第 9 期。

鸡声堂书店

鸡声堂，日本的一家书店，1901年高岛大圆创办。

现代文学和出版史料中，关于鸡声堂的记录极少。店名倒是让人联系到了唐人温庭筠《商山早行》中脍炙人口的诗句："鸡声茅店月，人迹板桥霜。"

这一佳句写清晨旅途中的见闻及感受，诗人运用了列锦的手法，列出了"鸡声""茅店""月""人迹""板桥""霜"六个意象，共同构成一个特定的情境，"状难写之景如在目前，含不尽之意见于言外"，笔力惊人，被苏轼叹为绝唱。

鲁迅和鸡声堂书店共打过两次交道。

一次是1918年9月17日，"上午寄羽太家信。午后寄玄同信。晚雨一阵霁。夜复寄玄同信。寄鸡声堂信，二弟写"。应是鲁迅代周作人寄给鸡声堂的信件，当与索要书目或搜求书籍有关。

另一次是半年后的1919年4月4日，"上午鸡声堂寄到《仏像新集》二本，代金引换计券五元"。此处"仏像"是日语，指佛像，通常指雕塑像；"代金引换"也是日语，指代收货价，也就是货到付款。五元买了两本《仏像新集》，还是挺贵的。

鲁迅买了两本《佛像新集》，但此期日记和信件中并未见到向周作人及其他人赠送其中一本的记录，因此，也无从判断这本书与1918年9月17日写给鸡声堂的信件是否有关。

文求堂

现代中日关系史上，影响深远的书店除了内山书店，还有东京的文求堂。

文久元年（1861），文求堂书店创业于京都寺町街四条北边路西，原本是皇家御用书店，店名"文求"，乃年号"文久"的谐音。文求堂起初出版维新派著作，明治维新后，改售各国清国刻本，兼营"和刻本"。1901年，文求堂迁至东京本乡一丁目六番地，老板便是赫赫有名的田中庆太郎。(尹敏志《东京蠹余录》，广西师范大学出版社2020年版，第23页)

田中庆太郎，早年毕业于东京外国语大学中国语学科，后来到北京、上海、苏州、杭州等地游学，广交名流，成为水准很高的汉学家，尤精于中国古籍的版本学、目录学。"他见多识广，生意经又很足，在中国大量搜购古书，运回日本售卖，赚得大量差价。1923年日本关东大地震，文求堂原先的基业差不多全毁了，田中庆太郎用极大的努力重建新店，除了仍然经营古书以外，更与时俱进地兼营新书的买卖和出版，再度取得很大成功"。(顾农《鲁迅与日本文求堂书店》，大公网2016年6月21日)

多年浸淫汉籍，田中庆太郎炼就了"看汉籍的天头地脚，

1910年，时年30的文求堂主人田中庆太郎

田中庆太郎
（1880—1951）

便可认出书籍好坏"的非凡眼光，他对于中国古籍版本的鉴别能力，在中日学界有口皆碑，人们把田中庆太郎、岛田翰、内藤湖南称为最懂中国古籍版本的三位日本专家。内藤湖南在一篇文章中称赞田中道："在今天的东京，学者之中对于古书的鉴别能力，没有一人能与文求堂主人相匹敌。"神田喜一郎在怀念田中时，称他"在中国古书方面拥有相当深的造诣和敏锐的鉴赏力，被誉为这一领域的第一人，声名远播于中国和西洋学术界"。（钱婉约《学者型书店老板：田中庆太郎》，《中华读书报》2011年6月1日。下同）

文求堂出售的汉籍以及时实用和稀世珍本取胜。特别值得一提的是，1908年，田中在北京购置了房产，住守北京，一面继续研修汉籍版本知识，

一面全力购进包括甲骨片、敦煌经卷、《四库全书》散本在内的众多善本珍籍。田中以手杖为单位购买地方志的轶事流传甚广，一文明杖高的厂肆志书，仅售现银一元。1909 年 5 月，伯希和在北京六国饭店首次向中国学者披露展示敦煌经卷，田中也参与其间，成为日本最早获知并目睹敦煌经卷的人，并且也成为第一位介绍及评论有关敦煌文献的日本人。他以"救堂生"为笔名，在同年 11 月北京出版的日本人杂志《燕尘》上，发表了《敦煌石室中的典籍》一文，这篇文章成为日本学术界获知敦煌文物发现的一个重要信息来源。

日本关东大地震后，田中重起炉灶，于 1927 年新建文求堂，采用钢筋混凝土防火防震的先进结构，落成时还发行了纪念明信片。明信片正面印有文求堂全貌，可以看出是一幢典雅古朴的三层楼房，顶楼中间位置镶有堂号，楼顶类似中国传统建筑中的悬山顶，看上去像该楼的第四层。明信片还注明这一建筑由"古桥柳太郎氏设计监督，小泉工业所建造"。

郭沫若目睹了文求堂从弱小到强大的全过程。他在 20 世纪初留学日本时，文求堂还是一座矮小的日本平房。当他 1928 年为了寻找罗振玉的著作再次走进文求堂时，书店已赫然是一栋黑色的三层大理石西式建筑，屋脊的中式造型"看起来有些异样，仿佛中国的当铺"。当时五十多岁的老板田中庆太郎是什么样子呢？"没有什么血色的面孔作三角

1927年重建的文求堂书店
（图片出自尹敏志《东京蠹余录》）

形，两耳稍稍向外坦出，看来是经过一种日本式的封建趣味
所洗练过的"。（郭沫若《我是中国人》，《革命春秋》，人民文学出版
社1979年版，第340—341页）

新店建成后，文求堂的经营范围也由原来主要从北京输
入古籍珍本，转而改变为主要从上海购入实用的、普及的新
刊本，包括"五四"以后新式标点的国学基本典籍、国学研
究著作以及中国语教学用书等，书店经营从小众过渡为实用。
郭沫若当年看到，店里"卖的中国书真多，两壁高齐屋顶的
书架上塞满着书，大都是线装的。两边的书摊和一些小书架
上也堆满着书，大都是洋装的"，这正是新旧混杂的昭和前
期特殊的时代氛围。

每年发行一次的文求堂书目

晚清民国学者董康、傅增湘、张元济等与文求堂交往甚广，文求堂大门口的匾额就是傅增湘手书赠送的。此外，郭沫若、鲁迅、郁达夫、傅抱石等人留学或流亡日本期间，也常常出入文求堂。比如郭沫若1928年到1937年间流亡日本时，住在东京附近的市川市，这十年间，郭沫若成为文求堂书店的常客，文求堂出版了他在日本期间重要的甲骨金文研究著作十多部。文求堂还出版过梁启超、钱玄同的著作，以及追忆纪念王国维的文集《王观堂文选》。

鲁迅在日本留学的时候，曾住过东京本乡的西片町，理论上应该知道且去过文求堂书店，但并没有购书记录。究其原因，一方面，其时鲁迅关心西学，喜欢买日文和德文书，常去做新书生意的丸善书店、兼卖德文书的南江堂以及出入较便利的相模屋旧书店和神田的旧书坊，对在异国他乡出售的价钱很高的线装古籍并不感兴趣。另一方面，他也没有财力购买。

直到1926年，鲁迅到厦门大学任教后，才开始与文求堂打交道。当年10月21日，鲁迅"收日本文求堂所赠抽印《古本三国志演义》十二叶，淑卿转寄"。明版《三国志演义》颇为罕见，而文求堂藏有嘉靖壬午刊本。这是田中庆太郎将抽印的样本寄到北京，由帮助鲁迅家处理事务的许羡苏转寄厦门。1929年，商务印书馆影印《三国志演义》，主要依据该馆涵芬楼藏本，残缺部分以文求堂藏本补配。

作为一家专业汉学书店，文求堂还致力于学术出版，其所出汉籍，极富学术含量和版本价值，一向价格不菲。据不完全统计，文求堂刊行的出版物不下二百种，对日本和国际汉学界产生了深远的影响，早在20年代便引起了中国学术界的瞩目。鲁迅对文求堂的出版活动很是关注，文求堂刊行的郭沫若著作，鲁迅见则必收，比如1932年《两周金文辞大系》一本8元、《金文丛考》一函四本12元，1933年《古代铭刻汇考》三本6元，1934年《古代铭刻汇考续编》一本3.5元，1935年《两周金文辞大系图录》五本20元等。这与其一贯对创造社的生冷态度截然不同。"这些书大多通过内山书店购入，往往文求堂书店印好后十天左右，新书就已经到达上海，再过几天就摆在鲁迅的书架上了。"（尹敏志《东京蠹余录》，广西师范大学出版社2020年版，第20页）

鲁迅和文求堂在出版方面还进行过一次并不理想的合作。1932年，文求堂出版了一本日文译本的《鲁迅小说选集》。当年5月21日，鲁迅"收文求堂印《鲁迅小说选集》版税日金五十"。但田中擅长古籍鉴定和贩卖，出版新书经验有所欠缺，这书印得并不好，鲁迅不得不作"勘正表"，在6月18日致许寿裳的信中，鲁迅说："文求堂所印《选集》，颇多讹脱。前曾为之作勘正表一纸，顷已印成寄来，特奉一枚，希察收。"

在出版方面，除了合作，鲁迅还和文求堂较过劲。1934年，鲁迅和郑振铎合作翻刻《十竹斋笺谱》，6月2日，在致郑振铎的信中，鲁迅说："去年底，先生不是说过，《十竹斋笺谱》文求堂云已售出了么？前日有内山书店店员从东京来，他说他见过，是在的，但文求老头子惜而不卖，他以为还可以得重价。又见文求今年书目，则书名不列在内，他盖藏起来，当作宝贝了。我们的翻刻一出，可使此宝落价。"

由此可知，1933年底，鲁迅和郑振铎搜求《十竹斋笺谱》的母本时，知道文求堂藏有一部，"云已售出"，后来他们选用的母本是郑振铎设法从通县王孝慈鸣晦庐借得的。但第二年内山书店店员却在东京见到文求堂藏本，鲁迅于是判断这是"文求老头子惜而不卖",奇货可居。于是鲁迅催促加快翻印《十竹斋笺谱》,他们的翻刻一出,"可使此宝落价"。《十竹斋笺谱》第一卷于1934年12月正式出版,但此后陷入停顿,直到鲁迅去世后的1941年6月,笺谱全书四册翻刻终于功成,前后长达七年之久。此时"文求老头子"的藏本是否应声落价,鲁迅也就无从知道了。

1935年,鲁迅身体欠佳,田中庆太郎闻讯,当年12月委托其女婿、后任金泽大学教授的增井经夫到上海,在内山完造的安排下拜见鲁迅,表达了希望鲁迅到田中在叶山的别墅疗养的愿望,因为那里的空气特别清新。鲁迅婉言谢绝。12月14日,鲁迅录写《听弹琴》赠增井经夫。日记中有"为增井君作字一幅"的记载,内容是唐人刘长卿的五绝《听弹琴》:"泠泠七弦上,静听松风寒。古调虽自爱,今人多不弹。"这幅字后来一直由增井珍藏。其时鲁迅因身体原因心情低沉,所以所录诗词也透露着一种孤寂的心情。

卢沟桥事变后,中国出版业受到重大打击,汉籍锐减,田中又敏锐地将文求堂由书籍销售改为以书籍出版为主。1951年,72岁的田中庆太郎去世。3年后,延续了90多年的文求堂书店关门歇业。

田中庆太郎及其经营的文求堂,客观上了增进20世纪前半叶中国书籍文化在日本的传播以及中国学研究在日本的发展,也是研究中日关系的一个特殊切片与独特窗口。

田中庆太郎（后排右）一家

令人感慨的是，2008 年 9 月 25 日，鲁迅 127 周年诞辰纪念日，上海鲁迅纪念馆收到一份特殊的礼物：增井经夫的女儿古西旸子向上海鲁迅纪念馆捐赠了上述鲁迅《听弹琴》手迹。古西旸子说："父亲临去世前说，这是一件传家宝，要好好保护，将来捐给对中日文化有研究的单位。上海鲁迅纪念馆是父亲这件珍品最好的收藏地。"（日本友人捐赠鲁迅录写的《听弹琴》手迹，新华网 2008 年 9 月 28 日，记者赵兰英）

物归原主，如同叶落归根，这恐怕是这帧诗稿最理想的归宿了。

本立堂

旧时古籍书店不但经营旧书，还有懂得装订修复旧书的伙计，其地位虽然赶不上书店老板和董事，但也有令人钦佩的专长。他们熟悉古代书目甚至南北私家书目，熟悉各种版刻和版本知识，对宋版元版、建刻蜀刻、家刻坊刻、白口黑口之类门清，清理霉斑、虫蛀，衬纸修补破损处，换护页、书衣，配制书套等等，技术也很好，经过他们修订的旧书焕然如新。

鲁迅当年常打交道的一个书店是本立堂。

据李文藻《琉璃厂书肆记》记载，本立堂在琉璃厂中，主人刘应奎，字星五，宛平县（今北京）人，于光绪十□年开设，承印柏林寺大经。二十年，易徒孙承源，字固本，经理。三十三年，应奎子若松继其业。凡经营四十余年歇。

孙殿起《贩书传薪记》也记载，本立堂主人刘应奎，弟子孙承源（固本）、张鸿瑞（芝轩）、刘若松（应奎之子）。刘若松，字耀庭，有弟子辛金凯（叔坚）、孙清淮（瑞卿）、李恒坦（澹斋）、张松林、李根祥、薛云亭等。

本立堂是一个集刻书、修书和卖书为一体的机构，有专门的书估，既上门推销书籍，又为顾客提供修补旧书的服务。

鲁迅日记中时见"本立堂书贾来"的记录。

鲁迅和本立堂共打过10次交道，其中8次和订书有关。

1913年9月14日，星期休息，"上午本立堂书贾来持去破书九种，属其修治，豫付工价银二元"。这是鲁迅第一次与本立堂打交道。

10月5日，星期休息，往留黎厂李竹齐观古泉毕，"往本立堂问所订书，大半成就。见《嵊县志》一部，附《剡录》，共十四册，以银二元买之，令换面叶重订"。买了旧书，又当场要求换面叶（书面）重新装订，这种服务一般的古旧书店是提供不了的。同时也可以知道鲁迅爱买低价书，而这两种书价格低廉。

10月12日，星期休息，"本立堂持所修书籍来，与工直六元讫"。九种书前后共花去修订费八元。

12月19日，"下午留黎厂本立堂书估来取去旧书八部，令其缮治也"。

12月29日，"晚留黎厂本立堂旧书店伙计持前所托装订旧书来，共一百本，付工资五元一角五分。惟《急就篇》装订未善，令持归重理之"。一次竟修复装订了一百本旧书，其中就包括让鲁迅兴奋激动了好几天的《太平广记》残本。

1914年1月11日，"午后……又至本立堂，见《急就章》已修讫，持以归"。

3月15日，"午后赴留黎厂托本立堂订书，又至荣宝斋买纸笔共一元"。

3月28日，"午后往留离厂本立堂取所丁旧书"。

鲁迅有时也托本立堂代为搜书：1913年9月23日，"下午往留黎厂搜《嵇中散集》不得，遂以托本立堂"。主客双方关系融洽，一如街坊。

文明书局

文明书局于 1902 年由廉泉（南湖）、俞复（仲还）、丁宝书等集股创办，俞复任经理，是中国最早的出版机构之一，也售卖图书。书局初设上海南京路，后迁至福州路辰字 354 号，1932 年并入中华书局。

文明书局致力于编辑出版教科书，开办之初即出版了中国最早有插图的小学教科书《蒙学课本》。其所出笔记小说丛书《说库》（60 册）、《清代笔记丛刊》（160 册）、《笔记小说大观》（500 册）等亦颇具影响。

文明书局在北京设有分店，鲁迅常往购书，最早的一次是 1912 年 11 月 17 日，"午后赴留黎厂神州国光社……又往文明书局购元《阎仲彬惠山复隐图》《沈石田灵隐山图》《文徵明潇湘八景册》《龚半千山水册》《梅瞿山黄山胜迹图册》《马扶曦花鸟草虫册》《马江香花卉草虫册》《戴文节仿古山水册》《王小梅人物册》各一册，又倪云林山水、恽南田水仙、仇十洲麻姑、华秋岳鹦鹉画片各一枚，共银八元三角二分"。所获甚多，以花鸟画册为主。

1912 年和 1913 年，鲁迅在文明书局买书并不频繁，每年只去一次：1913 年 9 月 23 日，"下午往留黎厂……复至

文明书局

文明书局买《南湖四美》一册，价九角，皆吴芝瑛所藏，画止四帧"。

吴芝瑛别号万柳夫人，是近现代著名女书法家，桐城县高甸人（今属安徽省枞阳县），任侠好义，好友秋瑾殉难，芝瑛冒死收尸义葬。秋瑾不仅是鲁迅的同乡，二人还于同一时期留日。鲁迅买吴芝瑛的旧藏，恐怕不无钦佩其义举这一因素。

到了1914年，鲁迅去文明书局才多了一些，这一年有4次：

3月15日，"午后赴留黎厂……又至文明书局买《宋元名人墨宝》一册，六角；《翁松禅书书谱》一册，四角；《梁闻山书阴符经》一册，一角五分"。

5月15日，"往留黎厂文明书局买《般若灯论》一部三册，《中观释论》一部二册，《法界无差别论疏》一部一册，《十住毗婆沙论》一部三册，总计一元九角一分一厘也"。

11月29日，"至文明书局买仇十洲绘文徵明书《飞燕外传》一册，一元六角。《黄瘿瓢人物册》一册，九角六分"。

12月30日，"午后至留黎厂文明书局买《文衡山手书离骚》一册，又《诗稿》一册，《王觉斯自书诗》一册，《王良常楷书论书賸语》一册，《王梦楼自书快雨堂诗稿》一册，《沈石田移竹图》一册，共价银壹元四角三分五厘"。

1915年也只有一次，1月10日，"至文明书局买《因明论疏》一部二册，四角三分；石印宋本《陶渊明诗》一册，五角"。

之后直到离开北京，鲁迅再没有在文明书局买书。

到上海后，1931年4月19日，"午后同三弟往西泠印社买北齐《天龙寺造象》拓片八枚，三元七角。又往文明书局买《女史箴图》一本，一元五角。并为增田君买《板桥道情墨迹》及九华堂信笺等"。

8月23日，"午后同三弟往北新书局编辑所访小峰不遇，因至文明书局买书"。

1932年8月2日，"往文明书局买画册九种十本，共泉十一元"。

文明书局图书

由此可见，鲁迅在文明书局所买之书以画册为主。其时，文明书局在国内首家试制成功照相铜版技术，所印名人书画碑帖《百花图长卷》《潇湘八景图》《黄山胜迹图册》《兰亭序十二种》《黄庭经五种》等影响很大。

8月11日，"下午同三弟往蔡先生寓，未遇。往文明书局买杂书四种二十七本，共泉五元"。

这是鲁迅最后一次在文明书局购书，其情形在次日致许寿裳的信中有详细记述，即其这一天所购"杂书"，竟然包括业师章太炎先生研究汉语语源的重要著作《文始》手写影印本。

鲁迅和文明书局最密切的一次交道是帮助周作人促成《炭画》一书的出版。

1914年1月16日鲁迅日记:"晚顾养吾招饮于醉琼林,以印二弟所译《炭画》事与文明书局总纂商榷也。其人为张景良,字师石,允代印,每册售去酬二成。同席又有钱稻孙,又一许姓,本部秘书,一董姓,大约是高等师范学堂教授也。"

顾养吾是清华学堂教师,曾参与成立"立达学社",研究学术、兴办学校。这次饭局是顾养吾做东,介绍周作人翻译的《炭画》给文明书局总纂张景良,并且谈了一些出版的细节,比如,每本书码洋的20%归出版社等。

这次饭局之后,在鲁迅的运作下,周作人翻译的波兰显克微支中篇小说《炭画》由上海文明书局出版发行。

但鲁迅对这本书的印制质量不太满意,1914年4月27日日记云:"午后稻孙持来文明书局所印《炭画》三十本,即以六本赠,校印纸墨俱不佳。"

周作人译介《炭画》不是偶然的。

鲁迅和周作人于1909年在日本东京神田印刷所出版的《域外小说集》第一集和第二集中分别收入了显克微支的三篇小说——《乐人扬珂》《天使》和《灯台守》,其中除《灯台守》中的诗歌是由鲁迅翻译的之外,其他均为周作人所译。

之后1921年上海群益书社重印版所增加的篇目中还有周作人翻译的显克微支作品《酋长》，接下来便是1914年上海文明书局出版的周作人译显克微支中篇小说《炭画》。

《炭画》写的是一个穷苦农民的年轻妻子如何为环境所迫，出卖自己的肉体以求她的丈夫得以免除兵役的故事。周作人想通过对《炭画》的翻译让中国民众能够面对现实，认清中国现状。在1921年重印版的《域外小说集》序中，作者说："我们在日本留学时候，有一种茫漠的希望：以为文艺是可以转移性情，改造社会的。因为这意见，便自然而然的想到介绍外国新文学这一件事。"（这个序言由鲁迅执笔）这是周氏兄弟翻译显克微支作品最主要的原因。

在《炭画》的序文中，周作人也说："因为我相信中国的村自治必定是一个羊头村无疑。"可见周作人期望通过翻译显克微支的作品来达到反映并改善中国现状的目的，因为他相信在当时中国与波兰的国情是颇为相似的。

有正书局

晚清民国时期的上海，报馆、书局云集，成为当时中国无可争议的出版中心，尤以"四马路"（福州路）以及附近的望平街（今山东中路）一带最为集中，其中就包括有正书局。

有正书局 1904 年由狄平子开设。

狄平子（1873—1941），江苏溧阳人，出生于书香官宦之家，光绪朝举人，工书善诗，曾参与"公车上书"，与康有为、梁启超、谭嗣同等维新派过从甚密。因参与唐才常的自立军起义，事败后潜避日本，1904 年回国后，在上海创办了著名的《时报》，并开设有正书局。

狄平子将大量心力投入有正书局。据包天笑回忆："谈起有正书局，楚青倒是以全力经营的。它的发行所，就在望平街时报馆的旁边；印刷所却又在他的海宁路的住宅旁边。说起他的工作来，实在花于有正书局精神、时间，还比《时报》多。"（包天笑《钏影楼回忆录》，上海三联书店 2014 年版，第 389 页）

据殷德俭先生介绍，他的祖父曾在有正书局供职，"那是在福州路上一幢朝东的三层楼房，底层开设有正书局，楼上则是《时报》馆和老板狄平子的居室。而在三楼还专设两间客房，名为'息楼'，专门接待沪上知名文人画家，像黄

有正书局创办人狄平子先生

炎培、史量才等。当然报馆、书局的员工也可上去读报、聊天、休息，故称'息楼'"。

上海图书馆展示的一幅有正书局旧照显示，有正书局和时报馆是一幢相对独立的三层小楼，气象不凡。一楼门窗呈圆拱形，共四间，其中三间为书局所据，悬两块"有正书局"竖式店匾，橱窗内外可见出售的书籍；另一间为上楼通道，左右两侧各悬一面"时报馆"竖式馆匾。除此之外，二楼阳台悬"时报馆"黑色字体横匾；三楼阳台则悬"EASTERN TIMES"白色字体英文横匾，侧面亦悬"时报馆"竖式馆匾。照片中能看到的店匾、馆匾竟多达7面，足见上海商埠之地强烈的广告和品牌意识。楼前停两辆人力车，并有消防

有正书局原址

栓等物。

　　狄平子因出身于官宦名士之家，累年积淀，所藏书画宏富，王蒙的《青卞隐居图》、陆天游的《丹台春晓图》、唐寅的《藕香图》，以及鲜于枢行书《韩愈送李愿归盘谷序卷》等法书碑帖，均是其家藏。加之狄平子交游极广，与大收藏家如刘鹗、裴景福、叶恭绰等过从甚密，这为有正书局的运营提供了高质量的出版素材。

　　和商务、中华、世界、大东、开明等上海几大书局相比，有正书局的专长在美术出版领域，书局拥有当时最先进的进口珂罗版印刷技术，尤善精印名家书画碑帖，以此成为业界翘楚，并曾在1910年比利时万国博览会上取得奖项。1924

年 4 月 18 日，印度诗哲泰戈尔访华，在商务印书馆欢迎会讲演后，"已薄暮七时矣。当即乘车偕友人至四马路有正书局参观，将该局所印之中国美术品，详加披览。泰氏深为叹赏，拣选最惬意者，购买多种"。

狄平子中年以后在继室汪观定的影响下，一心向佛，与印光、弘一等佛门中人相往还，并皈依常州天宁寺住持冶开清镕禅师，创办《佛学丛报》，成为闻名遐迩的大居士。狄平子辞世后，有正书局又维持了两年，于 1943 年停业。

有正书局从创设到歇业，出版物不下千种，书局创办人狄平子就不无得意地说："三十年来，影出碑帖书画，不下千余种，大都一时巨迹。"

有正书局是集团式运营，不仅拥有自己的出版所，还有铅印石印齐备的印刷所，又办着《时报》，不花钱可以登广告。书局最为鼎盛之时，在全国有八个分店，分别设在北京厂西门、天津东马路、奉天鼓楼街、南京奇望街、苏州都亭桥、南昌磨子巷、汉口鲍鱼巷、杭州保佑坊。在有正书局的出版物上，这些分店被称为"分发行所""分售处"或"分局"。

关于北京分局，包天笑说："说起北京有正书局，我又有插话了，原来狄楚青当时开办有正书局，不独上海有，北京也有。他是以报馆与书店并驾齐驱的，他是老北京，又是才人、名士，在北京的交游很广。所以上海的老报馆，如《申报》《新闻报》，北京都没有分馆，《时报》一开办就有分馆了。

北京的有正书局与《时报》分馆，当然成为一家，就有多少便利，上海有正所印行的各种孤本书籍，都是从北京来的，即如戚蓼生的八十回《红楼梦》，也是如此。"梁漱溟也经常去这个分局，他说："我寻求佛典阅读之，盖始于民国初元，而萃力于民国三年前后。于其同时兼读中西医书。佛典及西医书求之于琉璃厂西门的有正书局。此为上海有正书局分店。"

既然有正书局在北京设有分局，且是业界之翘楚，鲁迅自然要经常光顾。作为中华民国教育部社会教育司第一科科长，鲁迅主管博物馆和美术馆事业，是专业美术工作者，着力收集美术文献，追踪收集的系列出版物有《世界美术全集》《书道全集》《中国名画集》《神州大观》《艺林丛编》《芥子园画谱》等。

据鲁迅日记不完全统计，1912 年—1934 年，鲁迅在有正书局买书共计 24 次。其中在位于琉璃厂的北京分局购书 22 次，大都是星期天前往；在上海总店购书 2 次。以年度视之，分别是：1912 年 1 次，1913 年 3 次，1914 年 17 次，1919 年 1 次，1927 年 1 次（委托周建人购买），1934 年 1 次。具体情况如下。

北京时期：

1912 年 9 月 1 日，"下午至青云阁购什物二三种，又赴琉离厂有正书局购《中国名画》第一至第十集共十册，计银十二圆，佐以一木匣，不计值也"。

1913年11月8日，"午后赴留黎厂有正书局买石印《傅青主自书诗稿》一册，三角半;《金冬心自书诗稿》一册，三角"。

11月16日，"午后赴留黎厂有正书局买宋陈居中绘《女史箴图》一册，二元四角"。

12月14日，"（午后）又至有正书局买《释迦谱》一部四册，七角;《虞世南汝南公主墓志铭》一册，七角。又《东庙堂碑》一册，五角;《元明古德手迹》一册，三角"。

1914年1月18日，"午后往留黎厂有正书局买《六朝人手书左传》一册，四角;《林和靖手书诗稿》一册，四角;《祝枝山草书艳词》一册，三角;《吴谷人手书诗稿》一册，四角"。

4月18日，"下午往有正书局买《选佛谱》一部，《三教平心论》《法句经》《释迦如来应化事迹》《阅藏知津》各一部，共银三元四角七分二匣"。

4月19日，"午后往有正书局买《华严经合论》三十册，《决疑论》二册，《维摩诘所说经注》二册，《宝藏论》一册，共银六元四角又九厘"。

5月23日，"午后赴留黎厂有正书局买《中国名画》第十七集一册，一元五角。又《华严三种》一册，一角四厘"。

5月31日，"午后雨住风起，天气甚凉。往有正书局买《思益梵天所问经》一册，《金刚经六译》一册，《金刚经、心经略疏》一册,《金刚经智者疏、心经靖迈疏》合一册,《八宗纲要》一册,共银八角一分"。

6月3日,"下午往有正书局买佛经论及护法著述等共十三部二十三册,价三元四角八分三厘,目具书帐"。

6月6日,"往有正书局买《心经金刚经注》等五种六册,《贤首国师别传》一册,《佛教初学课本》一册,共计银九角九分三厘"。

7月11日,"午后赴晋和祥买糖二瓶。又往有正书局买阿含部经典十一种共五册,六角四分;《唐高僧传》十册,一元九角五分"。

7月29日,"午前同钱稻孙至观音寺街晋和祥午饭。又至有正书局买《瑜伽师地论》一部五本,二元六角;《镡津文集》一部四本,七角八分;梁译、唐译《起信论》二册,一角五分六厘"。

8月8日,"往有正书局买宋、明《高僧传》各一部十册,《续原教论》一册,共银一元九角三分七厘"。

8月23日,"午后往留黎厂有正书局买《老子翼》四册,《阴符道德冲虚南华四经发隐》合一册,又石印《释迦佛经坐象》《华严法会图》各一枚,《观音象》四枚,共银一元八分"。

9月12日,"午后至有正书局买憨山《老子注》二册,又《庄子内篇注》二册,共五角九分"。

9月26日,"下午晴。同许季上往有正书局买佛经,得《大安般守意经》一部一册，《中阿含经》一部十二册，《阿毗达磨杂集论》一部三册，《肇论》一册，《一切经音义》一部四册，共银四元二角六分二厘"。

10月25日，"（午后）又至有正书局买《大萨遮尼乾子受记经》一部二册，《天人感通录》《释迦成道记注》各一册，《法海观澜》一部二册，《居士传》一部四册，共银一元六角七分二厘。又石印《谢宣城集》一本，二角五分"。

11月28日，"下午至有正书局买汤注陶诗石印本一册，银二角。又封套一束，五分"。

12月27日，"午后至有正书局买《黄石斋夫人手书孝经》一册，三角；《明拓汉隶四种》《刘熊碑》《黄初修孔子庙碑》《匋斋藏瘗鹤铭》《水前拓本瘗鹤铭》各一册，共价二元五角五分"。

12月30日，"（午后）又至有正书局买《张樗寮手书华严经墨迹》一册，叁角五分；《黄小松藏汉碑五种》一部五册，一元二角"。

1919年4月15日，"至留黎厂有正书局买《中国名画》第二十一集一册，纪念六折，计券一元五角"。

上海时期：

1927年11月30日，"托三弟往有正书局买《汉画》两本，价一元三角，甚草率，欺人之书也"。

1934年4月20日，"下午往来青阁买《范声山杂著》四本，又《芥子园画传》初集五本，共泉四元。又往有正书局买《芥子园画传》二集四本，六元"。

从鲁迅所购之书看，以画册和佛经居多。其中购买有正书局出版的《中国名画集》和《芥子园画传》的情况颇值得细说。

《中国名画集》是有正书局从1908年开始以珂罗版印刷出版的重要美术文献，八开，共40册。因以珂罗版和网目版两种印刷方式印刷，所以成本不高，定价较低，单册通常在一元五角左右。

《中国名画集》的序言是张謇于1909年所作，置于卷首：

平等阁主人搜集古今名画，用玻璃板印，数月以来，续成四集。其意将以美术为实业、教育之新鲜空气，用意良远。往年，余游日本归，尝谓日本风俗学泰西，较中国为近，其原因有二：一尚美，二好洁。自公卿大夫至士庶人大都如此，非夫中国必富贵而贤达乃有此习也。政教不化为风俗，不得为大成，及其成，则又不复见政教措施之迹，然则知治固不易言。斯集之流传，要不可谓无关于世道矣。

资料称，王国维1908年曾为罗振玉代序，原题为《古代名家画册叙》，高度评价画册如下："近世画师，罕窥真迹，见华亭而求北苑，执娄水以觅大痴，既摹仿之不知，于创作

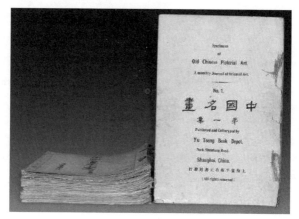

《中国名画》封面

乎何有？今则摹从手迹，集自名家，裨我后生，贻之高矩。"
但这一序在画册中并没有使用，不知何故。

　　《中国名画集》第一集印出后，有正书局即在《申报》
上刊载了广告。这是重要的现代美术文献，故全文照录如下：

　　凡唐、宋、元、明、本朝诸名画，必经美术研究会同人
认可者，乃行哀入。第一集本拟八月出版，嗣以珂罗版，制
版非易，印刷尤迟，现拟改为九月中出版。兹将已印成者，
先为发行。每张收回工本洋一角，其名如下：王叔明青卞隐
居图幅、元陆天游丹台春晓图、恽南田山水画册、董香光山
水画册、王石谷山水幅、文徵明山水幅、戴醇士山水幅、墨

仲圭竹幅。本集特色列下：特色一，书画真伪，赏鉴家自有定论。收买伪画，谓之自欺可也。以伪画付印，是不但欺人，且误人矣，乌乎可！本集决不印伪画以误人。特色二，书画以精品为佳，至如应酬聊草之作，画虽真，亦不付印。特色三，珂罗版印刷，系用人力手印，每日仅能印一、二百张。非若机器印者，每日可数千纸也。是以墨色精工，可与真迹无丝毫之异。较之铜钢版，亦有天渊之判。

有正书局在广告中强调《中国名画集》中收录的画作均为真迹、精品，且系人力手印的珂罗版，"墨色精工，可与真迹无丝毫之异"。

有正书局对珂罗版技艺为何如此自信甚至略带自负呢？据叶康宁先生撰文介绍，此前的1907年秋，狄平子从日本延请到了制珂罗版及钢铜版技师数人，其中就包括名声赫赫的技师龙田和小林荣居。小林荣居与有正合同到期后，创立上海美术工艺制版所，以照相制版技术享誉海内外，大村西崖还请他印过书。有正书局培养出来的印刷技师，比较有名的有鹿文波，后来成为著名的三色版印刷专家。龙田、小林荣居和鹿文波，应该都参与了《中国名画集》的印刷工作，这才使得《中国名画集》从制版到印刷无可匹敌。

从《中国名画集》广告可知，当时书局将印成的单张画页先为发行，价钱每张一角，比如《青卞隐居图》《丹台春晓图》等都是中国绘画史上的赫赫名迹，这样做，一方面可以尽快回收成本，另一方面，也是为整套画册面世宣传、探路。

《中国名画集》出版后，各界好评如潮，谢菊针先生曾评价此书："与佳本不差毫厘，物廉价美，受到全国教育界广泛欢迎，遂使商务出版各种字帖黯然失色。"至此，有正书局以出版《中国名画集》而成为20世纪上半叶最重要的出版机构。

鲁迅在北京有正书局先后分三次购买了《中国名画集》，据其日记，1912年9月1日下午，购第一至第十集，共十册，计银十二圆，"佐以一木匣，不计值也"。可知《中国名画集》第一至第十集还配有木匣，但传至今日者鲜见。1914年5月23日午后，购第十七集一册，一元五角。1919年4月15日，购第二十一集一册，纪念六折，计券一元五角。所以，鲁迅所藏《中国名画集》只有十二册，并非全套。

鲁迅在有正书局买的另一套美术文献是《芥子园画谱》。

《芥子园画谱》原是清人王概应沈因伯之请，以明李流芳课徒画稿为基础所编绘的中国画技法图谱，初集山水谱五卷，于清康熙十八年（1679）木版彩色套印；二集为兰、竹、梅、菊四谱，八卷；三集为花卉、草虫及花木、禽鸟二谱，四卷。此书"足以名世，足以寿世"（何镛），清末民国间，后人重摹增编，在上海石版印行，流传益广，在中国和日本美术界产生了重要影响。正因为如此，有正书局看到了其中的商机，遂于民国二十三年（1934）原刻影印彩色套印《芥子园画谱》，共分三集，第一集五册，第二集五册，第三集四册。1934年1月17日，有正书局在《申报》刊发了《芥子园画谱》三集广告，云："本局费二十年心力经营木刻，不惜工本，将三集依式刊印，彩色鲜艳活泼，与宋元真迹无异，且多超过原本之处，诚为美术之绝品。"

鲁迅关注到《芥子园画谱》，正在三集出版之后。据其日记，1934年2月3日，"晚蕴如及三弟来，并为豫约得重雕《芥子园画谱》三集一部，二十四元"。上海滩各书店当年印刷书籍前，会在报刊打出预约广告，预约者可享受打折优惠。所以，鲁迅购书的价格比书的定价便宜了八元。2月3日只是预约和付款，到了3月31日，书到了："下午蕴如携阿菩、阿玉来，并为取得豫约之《芥子园画传》三集一部四本。"

爱书之人都有一个求全的心理，鲁迅也不例外。既然得到了《芥子园画传》的第三集，那就应该购藏第一集和第二集。因此，4月20日，"下午往来青阁买《范声山杂著》四本，又《芥子园画传》初集五本，共泉四元。又往有正书局买《芥子园画传》二集四本，六元"。鲁迅用一个下午的时间，跑了两家书店，将初集和二集买全了，可谓力度空前。

到了当年6月1日，鲁迅日记中又出现了一条关于《芥子园画传》的记录："紫佩寄来重修之《芥子园画传》四集一函。"综合分析，此《芥子园画传》非有正书局版，而应当是天宝书局石印的版本。说明鲁迅对《芥子园画传》情有独钟，不论是哪种版本，他都要想方设法买到。

周作人在《鲁迅学问和艺术的始基》一文中说，早在童年的时候，鲁迅就喜欢美术，除了影描《荡寇志》绣像外，还买了好些画谱，"那时的石印本大抵陆续都买了，《芥子园画传》自不必说"。正是从收集画谱开始，鲁迅打下了日后倡导版画和推动左翼木刻运动的基础。

1934 年 12 月 9 日，鲁迅将所藏《芥子园画谱》三集送给了许广平，并题诗其上："十年携手共艰危，以沫相濡亦可哀。聊借画图怡倦眼，此中甘苦两心知。"

许广平是鲁迅的爱人和助手，夫妻之间的物品，本不该截然分清你的我的，所以此事的重点，不是赠书，而是题诗。这首诗流传甚广，几乎可以看作是鲁迅写给许广平的一首情诗。写下此诗一年多后，鲁迅就逝世了。

参考文献：

叶康宁《有正书局与〈中国名画集〉》，搜狐网 2018 年 2 月 4 日。

殷德俭《从有正书局说起的中国美术出版：两代人，一个世纪的回忆》，《北京晚报》2017 年 10 月 19 日。

直隶书局

晚清官书局是中国近现代出版的先声。

咸丰元年（1851），太平天国运动爆发后，大半个中国陷入兵燹之灾长达十四年，严重损毁了传统文献，也严重破坏了文教秩序。为此，以曾国藩为首的中兴名臣等有识之士担负起了恢复和传承近代文献的历史使命，开始设立官书局，江苏、浙江、湖北、湖南等处均设立官书局，刻印四部中要籍，流传甚广。

早期设局刊书的目的，在于砥砺气节、端正人心、培养人才、恢复文教传统。曾国藩之后，李鸿章也以刊印传世文献、恢复封建文教为职志。直隶书局就是李鸿章担任直隶总督时于光绪七年（1881）在天津设立的，"饬备成本，购运各省新刊书籍，设局照本发售，俾北方寒士，增广学识"。（光绪沈家本等《重修天津府志》卷二十四《公廨》"官书局"条）

设于天津的直隶官书局在北京琉璃厂设有分局，是鲁迅常常光顾的地方。周作人回忆：

在星期日，鲁迅大概一个月里有两次，到琉璃厂去玩上半天。同平常日子差不多同时候起床，吃过茶坐一会儿之后，便出门前去，走进几家熟识的碑帖店里，让进里边的一间屋内，和老板谈天。琉璃厂西门有店号"敦古谊"的，是他常去的一家，又在小胡同里有什么斋，地名店名都不记得了，那里老板样子很是质朴，他最为赏识，谈的时间最久。他们时常到外省外县去拓碑，到过许多地方，见闻很广，所以比书店伙计能谈。店里拿出一堆拓本来，没有怎么整理过的，什么都有，鲁迅便耐心的一张张打开来看，有要的搁在一旁，反正不是贵重的，"算作几吊钱吧"就解决了，有的鲁迅留下叫用东昌纸裱背，有的就带走了。他也看旧书，大抵到直隶书局去，可是买的很少……（周遐寿《补树书屋旧事》，《鲁迅的故家》，人民文学出版社 1957 年版，第 224—225 页）

鲁迅日记中关于直隶书局的记录约有 30 条，1923 年之前称"直隶官书局"，有时简称"官书局"，1923 年之后称"直隶书局"。详情如下：

1912 年 6 月 29 日，"下午至直隶官书局购《雅雨堂丛书》一部二十册，十五元；《京畿金石考》一部二册，八角"。

9 月 8 日，"星期休息。上午同季市往留黎厂，在直隶官书局购《式训堂丛书》初二集一部三十二册，价六元五角"。

1913 年 1 月 12 日，"下午往官书局购《寒山诗》一本，一元；《樊南文集补编》一部四本，三元"。

8 月 18 日，"往琉璃厂……又赴直隶官书局买《古今泉略》

一部十六册，十二元；《古金待访［问］录》一部一册，四角"。

1914年1月27日，"午后赴部，仅有王屏华在，他均散去，略止，即往游留黎厂，无可观者，但多人耳。入官书局买得《徐孝穆集笺注》一部三本，三元"。

4月4日，"午后往留黎厂……又至直隶官书局买《两浙金石志》一部十二册，二元四角"。

8月27日，"下午……往留黎厂直隶官书局买《墨子间诂》一部八册，三元；《汪龙庄遗书》一部六册，二元；《驴背集》一部二册，六角"。

10月25日，"星期休息……午后至留黎厂直隶官书局买陈昌治本《说文解字附通检》一部十册，是扫叶山房翻本，板甚劣，价二元"。

1915年1月2日，"例假……往留黎厂直隶官书局买《说文解字系传》一部八册，二元；《广雅疏证》一部八册，二元五角六分"。

1月16日，"下午至留黎厂官书局买仿苏写《陶渊明集》一部三册，直四元"。

3月13日，下午"往留黎厂官书局买残本《积学斋丛书》十九册，阙《冕服考》第三，第四卷一册，价银三元"。

1915年3月21日，"星期休息……午后晴。往直隶官书局买《咫进斋丛书》一部二十四册，六元四角"。

4月21日，"下午赴留黎厂……又至直隶官书局买《金

扫叶山房

石续编》一部十二本，二元五角；《越中金石记》一部八册，二十元"。

5月8日，"下午往直隶官书局买《金石萃编》一部五十册，银十四元"。

6月20日，星期休息，下午"往留黎厂官书局买《筠清馆金文》一部五本，四元；《望堂金石》八本，六元"。

1916年3月12日，"星期休息……午后往留黎厂直隶官书局买《五代史平话》一部二册，三元六角；汪刻《六朝廿一家集》中零本五种五册，五元四角。遇朱逖先，谈少顷"。

5月14日，星期休息，"午后往留黎厂……往官书局代吴雷川买《敦艮斋遗书》一部五本，二元"。

1917 年 1 月 9 日，"午后往留黎厂直隶官书局取《金石苑》一部六册，去年预约"。

1923 年 2 月 3 日，"直隶官书局送来《石林遗书》一部十二本，四元五角；《授堂遗书》一部十六本，七元"。

3 月 23 日，"上午往高师校讲。至直隶书局买石印《夷坚志》及《聊斋志异》各一部，各一元八角"。

4 月 10 日，"上午往大学讲。午后往留黎厂托直隶书局订书"。

4 月 27 日，"上午往高师校讲。往直隶书局买《铜人腧穴针灸图经》一部二本，一元四角。又石印《圣谕象解》一部十本，一元"。

1925 年 11 月 21 日，午后"往直隶书局买《金文编》一部五本，七元；《曹集铨评》一部二本，二元四角；《湖北先正遗书》零种三种五本，三元"。

12 月 26 日，"下午往师范大学取薪水，而会计已散。往直隶书局买《春秋左传杜注补辑》一部十本，《名义考》一部三本，泉四"。

1926 年 1 月 12 日，"上午往女师大讲。往师大取薪水……往直隶书局买严可均校道藏本《尹文子》及《公孙龙子》各一本，共八角；《词学丛书》一部十本，八元"。

1 月 29 日，"下午往师大取去年一及二月分薪水卅二元。往直隶书局买《拜经楼丛书》一部十本，四元二角"。

5 月 9 日，"星期，托直隶书局订书"。

5 月 19 日，"下午往师大取三月分薪水二十四元。往直隶书局取改订书，计工泉一元二角"。

6 月 17 日，"往师大取薪水……往直隶书局买《太平广记》一部，缺第一本，泉八元。又《观古堂汇刻书目》一部十六本，十二元"。

1929 年 5 月 21 日，"下午往直隶书局遇高朗仙"。

直隶书局是鲁迅去女师大的必经之地。从上述记录可知，鲁迅去直隶书局，有一部分是往女师大讲课或取薪水的路上顺道去的。他去直隶书局，一是买书，二是委托订书，三是取预订的书或装订好的书。去直隶书局往往能碰见同道中人，比如"遇朱逖先，谈少顷"。1929 年 5 月，鲁迅从上海去北京探亲时，最后一次去直隶书局，是否买书没有记录，但遇到了高朗仙（高阆仙）。高阆仙即高步瀛（1873—1940），鲁迅在教育部任职时的直接领导。1925 年 8 月，鲁迅被教育总长章士钊免去佥事职务，高阆仙还亲到鲁迅家进行慰问。鲁迅对高阆仙评价甚高，称他是"行不违其所学的人"。能在直隶书局遇到，可以想见，两人免不了有一通寒暄。

从鲁迅购自直隶书局的书目看，大部分是价廉之书，这与其平日购书的风格相一致。当时，直隶官书局运售各地官刻、私刻图书，采取灵活多变的经营手法，为各官书局之间及书局与书坊之间的竞争提供了平台。鲁迅也买了较贵的书，比如:《越中金石记》一部八册，二十元;《雅雨堂丛书》一部二十册，十五元;《古今泉略》一部十六册，十二元;《观古堂汇刻书目》一部十六本，十二元;《词学丛书》一部十本，八元;《授堂遗书》一部十六本，七元。

其中《越中金石记》一书值得细说。此书由山阴杜春生编录，道光十年（1830）詹波馆刊，十卷，八册。杜春生，字禾子，好碑帖，富收藏。此书历六七年数易稿始成，收越中元代以前辑存金石二百十八种，开越中编金石专著之先河。顾家相《虑力堂读书记》评其书:"禾子所定凡例极精，惜阮公未及见，故《两浙志》相形见绌。"此书传本稀如星凤，乡邦雅故，翰墨伟观，俱在其中，很得周氏兄弟喜爱。

鲁迅买下《越中金石记》的时间是 1915 年 4 月 21 日，这本书在他手里保存了两个月，到了 6 月 20 日，他就将此书寄给在绍兴的周作人了:"寄二弟《越中金石记》八本，《汉碑篆额》三本，均有木夹，又《龙门造象二十品》二十三枚，分作二包。"周作人于 1942 年 8 月写下了这么一段话:"《越中金石记》十卷，山阴杜春生编录，道光十年詹波馆刊，因印本流传不多，市价颇高，曩得一部，在二十金以上。"与鲁迅日记中 20 元购得此书的记载是相吻合的。

鲁迅还以版本学家的眼光对所购之书进行了简略评价，比如评价陈昌治本《说文解字附通检》,"是扫叶山房翻本，板甚劣"。

世界书局

世界书局是鲁迅的同乡沈知方于 1917 年草创、1921 年正式成立的一家出版社，兼营书店。

沈知方（1883—1939），字芝芳，早年入绍兴奎照楼书坊学徒，后为商务利群书局职员、商务营业所所长。1912 年与陆费逵等共创中华书局，并担任副经理。1917 年，沈知方抽回中华书局投资，另办广文书局。1921 年，创办世界书局股份有限公司，担任总经理，设编辑所、发行所和印刷厂，是当时第一家引进德国五套色印刷机的出版机构。

世界书局早期以教科书的编印及古籍影印为主要业务，从 1924 年起编辑出版中小学教科书，与商务印书馆、中华书局出版的教科书三足鼎立。沈知方不仅是发行教科书的奇才，更是出版畅销书的高手。他熟悉一般市民的阅读趣味，善于捕捉畅销书题材，嗅觉灵敏，胆识过人。世界书局一方面将旧小说加以整理，用新式标点排印后廉价发售，成为最主要的鸳鸯蝴蝶派出版阵地。另一方面，以高额稿酬将张恨水、不肖生（向恺然）等受读者欢迎的作家作品"买断"，出版了一批较有影响的通俗性畅销书。

鲁迅与世界书局只打过一次交道，时间是 1923 年 11 月

9日："上午往师校讲。午往世界书局，见所售皆恶书，无所得而出。"

世界书局在各大城市设分局30余处，上述记录是鲁迅在世界书局北京分局买书，"所售皆恶书"，不合鲁迅胃口。

鲁迅在世界书局"无所得而出"是意料当中的事，因为世界书局以销售鸳鸯蝴蝶派等小说为主，而周氏兄弟对鸳鸯蝴蝶派并不感冒。

民初言情小说大量采用骈四俪六，辞藻艳丽，笔致缠绵，内容不外才子佳人、双双成对，被称作"鸳鸯蝴蝶派"。《玉梨魂》被认为是鸳鸯蝴蝶派的代表作，作者徐枕亚被推成鼻祖。"鸳鸯蝴蝶派"式的文风其实也是当时社会风气的反映。因为民初极推重骈文，政府文告、通电均用骈文。

据目前所知，最早提出鸳鸯蝴蝶派概念的是周作人，1918年4月19日，他在北京大学文科研究所作题为《日本近三十年小说之发达》的讲演时，批判当时旧形式、旧思想的中国小说，特别提到"此外还有《玉梨魂》派的鸳鸯蝴蝶体，《聊斋》派的某生者体，那可更古旧得厉害，好像跳出在现代空气之外的，且可不必论他"。1919年2月2日出版的《每周评论》第七期上，他又发表《中国小说中的男女问题》，称"近时流行的《玉梨魂》，虽文章很是肉麻，为鸳鸯蝴蝶派小说的祖师"。

鲁迅对鸳鸯蝴蝶派的认识与其弟有不同的地方。文学革命之初，鲁迅从"文学游戏观"等方面对鸳鸯蝴蝶派文学进行了十分必要的批评。1931年，鲁迅在《上海文坛之一瞥》中提及民初的情形时又说："这时新的才子＋佳人小说便又流行起来，但佳人已是良家女子了，和才子相悦，分拆不开，柳阴花下，像一对蝴蝶，一双鸳鸯一样，但有时因为严亲，或是因为薄命，也竟至于偶见悲剧的结局，不再都成神仙了——这实在不能不说是一个大进步。"这是鲁迅从文学史的角度对鸳鸯蝴蝶派合理定性，以较客观的态度看待文学中的趣味问题，是比较包容的。

　　包容归包容，那是文学史家应有的客观态度，但鲁迅自己并不买这类作品，所以在主要销售鸳鸯蝴蝶派作品的世界书局，鲁迅"所见皆恶书"，语气甚是鄙夷，一不小心留下了自己对于鸳鸯蝴蝶派作品的真实评价，并且从此再没有进过世界书局。

富晋书庄

富晋书庄是王富晋先生于 1912 年开办于北京前门大栅栏西街的一家书店。

王富晋（1888—1956），字浩亭，河北冀县（今属衡水）人，受业于琉璃厂文明斋书局姜士存先生。

富晋书庄多藏版本书及各省地方志，并经售上虞罗振玉刊印的金石考古类书籍，以及上海各书局印行的珂罗版书帖画册等，且喜集配大部头书，如《四部丛刊》《四部备要》《万有文库》《四库珍本》《丛书集成》等，以供有关学术单位之需。

富晋书庄所售之书较贵，为一般读书人所却步，周作人对此即有记录："在星期日，鲁迅大概一个月里有两次，到琉璃厂去玩上半天……富晋书庄价钱奇贵，他最害怕，只有要买罗振玉所印的书的时候，不得已才去一趟，那些书也贵得很，但那是定价本来贵，不能怪书店老板的了。"（周遐寿《补树书屋旧事》，《鲁迅的故家》，人民文学出版社 1957 年版，第 210 页）

鲁迅第一次到富晋书庄买书，是 1917 年 12 月 30 日，日记云："星期休息。午前同二弟至青云阁富晋书庄买《古明器图录》一册，《齐鲁封泥集存》一册，《历代符牌后录》

一册，共券十九元。"

鲁迅此处把富晋书庄的位置交代得很清楚，即开在大型综合性商场青云阁内。

青云阁是清末民初北京四大商场之首，位于北京前门大栅栏西街，1905年重新翻建，是一座典型的轿子楼建筑，也是北京迄今为止保存最完整的轿子楼建筑。楼有三层，中庭为跑马廊。"青云阁"三字是晚清何绍基之孙、内阁中书何维朴于宣统元年（1909）题写，取平步青云意。早年的青云阁集购物、娱乐、饮食、品茗于一体，相当于当时京城最高档的"中式沙龙"，甚至还引进了台球这一时尚运动，人气极旺。叶祖孚先生文章中曾引用过清末许愈初《肃肃馆诗集》中的一首诗，这么描述青云阁："迤逦青云阁，喧腾估客过。珠光争闪烁，古董几摩挲。栋栋书场满，家家相士多。居然好风景，堪唱太平歌。"（肖复兴《青云阁》，《北京青年报》2005年11月24日）

青云阁内有普珍园菜馆、玉壶春茶楼、步云斋鞋店、富晋书庄等众多老字号，是康有为、梁启超、谭嗣同、沈尹默、刘半农、钱玄同等众多知名学者常常光顾的地方，鲁迅也不例外，在京14年间，他逛大栅栏西街的记录有400余次。逛完琉璃厂，正好顺路到青云阁购物、理发、喝茶、吃点心，周作人已经把路线介绍得很清楚："从厂西门（应为厂东门）往东走过去，经过一尺大街，便是杨梅竹斜街，那里有青云阁的后门，走到楼上的茶社内坐下，吃茶点代替午饭。"（周遐寿《补树书屋旧事》，《鲁迅的故家》，人民文学出版社1957年版，第210页）

最吸引鲁迅的莫过于青云阁里的玉壶春茶楼，他喜欢在此吃春卷、虾仁面等名点，顺便到楼下的小百货店中买些日用品。兹依鲁迅日记顺举几例，如1912年5月26日，"下午同季市、诗荃至观音寺街青云阁啜茗，又游琉璃厂书肆及西河沿劝业场"。1916年9月12日，"午后同三弟出游，遇张协和，俱至青云阁饮茗，坐良久，从留黎厂归"。1917年11月18日，"午同二弟往观音寺街买食饵，又至青云阁玉壶春饮茗，食春卷"。

青云阁中也有不少书铺，其中富晋书庄最突出的特点，是专卖罗振玉的书，可以称作是罗振玉的"御用书店"。

罗振玉（1866—1940），字叔蕴，号雪堂，浙江上虞人，清末曾任学部参事官等职。辛亥革命后以遗老自居，长期从事复辟活动。他同时还是民国有影响的考古学家、金石学家、敦煌学家、目录学家、校勘学家、古文字学家，著述宏富。

鲁迅1917年12月30日第一次到富晋书庄所买的《古明器图录》《齐鲁封泥集存》和《历代符牌后录》这三册书都是罗振玉所辑。明器即冥器，即陪葬物品。鲁迅对《古明器图录》（四卷）的评价是"惜价贵而无说"："罗遗老出书不少，如明器，印玺之类，俱有图录，惜价贵而无说，亦一憾事。"

意思是价格高，也没有说明文字，当然更不存在什么创见了。

此后，周作人也在富晋书庄买过书。1918年1月4日鲁迅日记云："上午赴部茶话会。二弟往富晋书庄购得《殷虚书契考释》一册，《殷虚书契待问编》一册，《唐三藏取经诗话》一册，共泉券十一元。"鲁迅把周作人买的书记录在自己的日记中，一方面可能是委托购买，另一方面可能是两人共用。

上述三书都是罗振玉的著作。辛亥革命爆发后，罗振玉携眷逃亡日本京都，期间著述《殷墟书契》前编、后编及《菁华》等，并由王国维协助，撰成《殷墟书契考释》。此书与《殷虚书契待问编》是甲骨学研究领域的奠基之作。《唐三藏取经诗话》旧藏日本高山寺，后归大仓喜七郎。鲁迅所购是罗振玉1916年影印的巾箱本，该本有王国维、罗振玉跋。稍后影印的《取经记》，遍查鲁迅书账，似未购得。可能正因为如此，鲁迅借了一本加以抄录，以便研究。

鲁迅此后几次在富晋书庄买书的情况如下：

1918年2月10日，"星期休息。午后往留黎厂买《曹续生铭》《马廿四娘买地券》拓本各一枚，二元。又至富晋书庄买《殷文存》一册，七元"。

《殷文存》也是罗振玉所编，1917年石印出版，收录了有铭文的青铜器755件，但没有考释。这是最早关于商代金文的专门著录，在青铜器研究史上地位重要。罗振玉认识到商代人以日为名的特征，遂以此及图像文字作为商代青铜器的断代标准，开启了对商代青铜器的断代研究。

1918 年 2 月 24 日，"星期休息……午后游厂甸，在德古斋买《元纂墓志》《兰夫人墓志》各一枚，券七元。在富晋书庄买《碑别字》一部二本，二元"。

《碑别字》是一部采录古代碑刻中俗体别字的专著，作者罗振鋆，字佩南，罗振玉的长兄，24 岁病殁。

此后五年间，鲁迅日记中一直没有出现富晋书庄，直到 1923 年 2 月 3 日，"直隶官书局送来《石林遗书》一部十二本，四元五角；《授堂遗书》一部十六本，七元。午后往富晋书庄买书，不得。下午收去年十月上半月分奉泉百五十。买大柜两个，二十三元"。

这一天，鲁迅在直隶官书局买书 28 册 11.5 元，又买了两个大柜，23 元，可谓出手阔绰。笔者认为，正是这两笔大额支出，影响了鲁迅在富晋书庄买书的欲望，所以这一天再没有买书。

富晋书庄卖的都是殿堂之作，价钱昂贵。鲁迅在富晋书庄前后四次买了 8 册罗氏兄弟的著述，这也印证了周作人所言——鲁迅最害怕去富晋书庄，"只有要买罗振玉所印的书的时候，不得已才去一趟"。

鲁迅对罗振玉的著作是很重视的，据其日记，从 1915 年到 1935 年，鲁迅通过多个书店、多种渠道，购买了罗振玉编印的甲骨文、金石铭文、汉简、古镜、玺印、明器等金石图录，以及罗氏的丛书、丛刊、丛刻和单行的辑校古籍，约有 37 种之多，此处略去书目。1915 年，鲁迅借到一部罗振玉编印的《秦汉瓦当文字》后，曾用一个月时间影写此书，后来又买了一部寄给周作人。鲁迅还手录过罗振玉所编《唐风楼金石文字跋尾》，共计 64 页，不可谓不精勤。

但应当指出的是，鲁迅对罗振玉著作的重视，事实上是对于金石、器物等学术材料的重视，至于学术观点，鲁迅的态度是："但我却并不尽信奉。"并每从罗氏所辑金石文字中看出问题。无论在作品中还是在致友人的信件中，提及罗振玉，鲁迅均或明或暗露出不屑之色，甚至嘲讽有加。

笔者认为，罗振玉以遗老自居，又是古董商，商人习气甚重，故为鲁迅所轻。诚如学者所言："在中国的近代史上，罗振玉是以清朝遗老和附日汉奸著称的，这是就其政治方面的作为而言，如果从文化的角度来看，还应该为其加上考古学者、书商和古董商人等等称号。总之，罗振玉是可以算得上是政客兼'学商'的。"（强英良《关于鲁迅所记的罗振玉数事》，《鲁迅研究月刊》1990 年 02 期，第 37 页）

1913 年 1 月 18 日，鲁迅日记中第一次出现罗振玉，鲁迅即称之为"罗叔蕴辈"："午后往留黎厂书肆，见寄售敦煌石室所出唐人写经四卷，墨色如新，纸亦不甚渝敝，殆是罗叔蕴辈从学部窃出者。每卷索五十金，看毕还之。"

1909 年，法国人伯希和将在敦煌盗买的经卷运回北京向一些官员展示，引起官方和学界注意，罗振玉为将甘肃剩余的八千卷经卷运到北京做过一些努力。但经卷运到北京后，遭到学部官员的盗劫，对此，罗振玉是知情的，属于间接当事人。罗振玉的长孙罗继祖后来引述罗振玉之言，对此进行过辩解，称"予箧所储方所售者外无有也"（罗继祖《枫窗脞语》，中华书局 1984 年版，第 136 页），此处的"方"指一个盗劫经卷的姓方者，罗振玉说他所藏经卷是从姓方的人手里购得的。鲁迅 1912 年到北京，自然听说过敦煌经卷被盗劫的传言，但他在日记中并没有肯定是罗振玉所为，而是说"殆是罗叔蕴辈"，一个"殆"字，一个"辈"字，鲁迅笔下是有分寸的，认为只有像罗振玉这样的学部官员才有条件接触到敦煌经卷。客观地讲，罗振玉处瓜田李下，自己也乐于此道，被人怀疑再正常不过。

罗振玉所藏金石、书画、古籍、甲骨等均极富，他通过自己的墨缘堂收购古文物，考校研究后便卖掉，然后再买一批，如此反复。特别值得一提的是，罗振玉还染指著名的八千麻袋"大内档案"。所谓"大内档案"，指清朝存放于内阁大库内的诏令、奏章、朱谕、则例、外国的表章、历科殿试的卷子以及其他文件，内容庞杂，是有关清朝历史的原始资料，存放于内阁大库，占了六大间。

鲁迅说，这些东西"在清朝的内阁里积存了三百多年，在孔庙里塞了十多年，谁也一声不响。自从历史博物馆将这残余卖给纸铺子，纸铺子转卖给罗振玉，罗振玉转卖给日本人……"

鲁迅所言不虚。清末修缮库房时，这批档案被醇亲王下令销毁，罗振玉奉张之洞之命行其事，发现档案至为珍贵，遂由张奏请保存在学部（后来为教育部）图书馆，成为教育部所属历史博物馆的基本珍藏，乱世之中，分两次出卖。其中，同懋增纸店用四千零五十元买到了这批被装入 8000 只麻袋内的档案，其后又由罗振玉以一万二千元买得。罗振玉将其整理后，编印了《史料丛刊初编》，相当部分以高价卖给了清朝另一遗老、早有前科的文物档案贩子李盛铎，李又将部分大内档案高价卖给了当时的北京历史语言研究所。尤有甚者，罗振玉还将 40 余箱大内档案出卖给日本人松崎，一时舆论哗然。

在作于 1928 年的《谈所谓"大内档案"》一文中，鲁迅多次嘲讽罗振玉，比如：

罗振玉呢，也算是遗老，曾经立誓不见国门，而后来仆仆京津间，痛责后生不好古，而偏将古董卖给外国人的，只要看他的题跋，大抵有"广告"气扑鼻，便知道"于意云何"了。

最近的是《北新半月刊》上的《论档案的售出》，蒋彝潜先生做的……蒋先生是例外，我看并非遗老，只因为

sentimental（感伤的）一点，所以受了罗振玉辈的骗了。你想，他要将这卖给日本人，肯说这不是宝贝的么？

"大内档案"也者，据深通"国朝"掌故的罗遗老说，是他的"国朝"时堆在内阁里的乱纸，大家主张焚弃，经他力争，这才保留下来的。

从事古董生意之余，墨缘堂还是一个出版机构，罗振玉的《贞松堂吉金图》、王国维的《三代秦汉金文著录表》、丁辅之的《商卜文分韵》、罗福颐的《内府藏器著录表》等一些重要学术著作，均由墨缘堂整理刊行，获利不少。加之一些学术观点并不一致，所以鲁迅提起罗振玉，均视之为"罗遗老辈"而加以嘲讽。

1926 年 12 月，鲁迅作《关于〈三藏取经记〉等》一文，反驳日本作家德富苏峰（曾任参议院议员、东京国民新闻社社长）纠正《中国小说史略》"谬误"的一些说法。《三藏取经记》即《大唐三藏取经记》，旧藏日本京都高山寺，后归德富苏峰成篑堂文库。鲁迅在小说史略中说这本书"或为元人之作"，德富苏峰则说是宋椠，论据有三：纸墨字体是宋；宋讳缺笔；罗振玉氏说是宋刻。对此，鲁迅一一加以反驳。针对罗振玉的说法，鲁迅说："罗氏的论断，在日本或者很被引为典据罢，但我却并不尽信奉，不但书跋，连书画金石的题跋，无不皆然。即如罗氏所举宋代平话四种中，《宣和遗事》我也定为元人作，但这并非我的轻轻断定，是根据了明人胡应麟氏所说的。而且那书是抄撮而成，文言和白话都有，也不尽是'平话'。"又说："我的看书，和藏书家稍不同，是不尽相信缺笔，抬头，以及罗氏题跋的。"

由此可见，鲁迅买罗氏之书，侧重于学术材料，绝不迷信罗的观点，他有自己独立的价值判断。

富晋书庄后期生意大兴，与收购扬州吴氏测海楼之书大有关系。1931年，扬州吴氏（引孙）测海楼藏书出售，为富晋书庄4万元购得，共589箱，8020余种，如明弘治刻本《八闽通志》《延安府志》，明嘉靖刊本《广西通志》，皆为极罕见孤本。王氏将其分别售于北京图书馆、上海涵芬楼、中华书局图书馆等，加之沪上出售之书，累计获利5万余元。于是在上海、汉口开设了分店，委其三弟富山主持店务，为北方势力南渐之先声。王氏又在琉璃厂西街筑楼一座，1935年富晋书庄自青云阁迁移琉璃厂营业，请著名书法家铜山张伯英（勺圃）题写了匾额，生意更加兴隆，遂与比邻来熏阁、邃雅斋两大书肆鼎足而三。不过这都是鲁迅离开北京之后的事情了。

宏道堂

宏道堂，北京琉璃厂旧书店，版本目录学家、藏书家孙殿起对这一书店的记载如下：

> 宏道堂，程存立，字书屏，冀县人，于光绪□年开设，至宣统间，聘族人程锁成（字信斋）经理。至民国十年，易邢继有（字效先）经理。凡经营四十余年歇。近易富晋书社。（孙殿起《琉璃厂书肆三记》，收入《琉璃厂小志》，北京古籍出版社1982年版，第122页）

鲁迅与宏道堂只打过一次交道，时间是1913年2月9日，日记载："星期休息日也。午后赴琉璃厂……视旧书肆，至宏道堂买得《湖海楼丛书》一部二十二册，七元；《佩文斋书画谱》一部三十二册，二十元。其主人程姓，年已五十余，自云索价高者，总因欲多赢几文之故，亦诚言也。又云官局书颇备，此事利薄，侪辈多不愿为，而我为之。"

虽然与宏道堂只打了一次交道，但鲁迅在这里一次性买了54册书，共27元，且极其难得地记录了旧书店程老板关于旧书生意的心声。"自云索价高者，总因欲多赢几文之故，亦诚言也"，鲁迅设身处地理解旧书店老板，也对其肯说实话抱有好感，比照他对杭州抱经楼书店"甚恶"的态度，真是有天壤之别。

鲁迅在宏道堂买书时，遇到的程老板是程锁成，字信斋，河北冀县（今属衡水）人，宏道堂创立者程存立的族人，其时接替程存立成为宏道堂书铺经理。

北京时期，鲁迅主要在琉璃厂购买藏品。琉璃厂坐落在宣武门外，西至南北柳巷，东至延寿寺街，全长约 800 米，有 300 多年的历史，是清代以来北京最有影响的文化街。这里离鲁迅最初居住的南半截胡同绍兴会馆很近，从琉璃厂往北到他上班的教育部也不是很远，因此鲁迅上下班路过都可以顺便去"阅市"。

民国时，琉璃厂光书肆就有 200 多家。据学者萧振鸣先生研究，鲁迅在北京居住的 14 年间，逛琉璃厂达 480 多次。"鲁迅经常光顾的书店、帖店有宏道堂、保古斋、宝华堂、敦古谊、式古斋、宜古斋、仿古斋、德古斋、师古斋、富华阁、震古斋、庆云堂、神州国光社、文明书局、直隶书局、有正书局、商务印书馆、中华书局等"。（萧振鸣《鲁迅与北京胡同》，《中华读书报》2016 年 12 月 14 日）

程掌柜这样的旧书铺给鲁迅留下了深刻的印象。

1933 年 5 月 29 日，鲁迅在上海写《〈守常全集〉题记》时，忽然又想起此事："他（指李大钊）的模样是颇难形容的，有些儒雅,有些朴质,也有些凡俗。所以既像文士,也像官吏,又有些像商人。这样的商人,我在南边没有看见过,北京却有的,是旧书店或笺纸店的掌柜。"

鲁迅在追怀一位文士和革命先烈时,竟联系到北京琉璃厂旧书铺的掌柜们,并与李大钊进行类比,事实上是肯定旧时书商身上那种古朴、率性、坦荡的文化遗风。可惜这样的旧书商并不多见。

西泠印社

西泠印社于清光绪三十年（1904）创建于杭州孤山，因地近西泠而命名。西泠乃名妓苏小小魂断处。"千载芳名留古迹，六朝韵事著西泠"，易误作西冷。

西泠印社发起人是浙派篆刻家丁辅之、王福庵、吴隐、叶为铭等，以"保存金石，研究印学，兼及书画"为宗旨，出版、发售金石、考古、美术等方面的书籍和用品，吴昌硕为第一任社长。后在上海另设西泠印社，经营图书、治印等业务。

鲁迅与西泠印社的交往始于1913年，终于1935年，日记中提及"西泠印社"有50余次。

1913年3月12日，"下午得二弟信并西冷［泠］印社书目一册，并六日发"。这是鲁迅日记中第一次出现西泠印社，且"西泠"二字误写作"西冷"。此后日记中还有多处误写作"西冷"的情况。

1913年6月19日，担任教育部第一科科长职务的鲁迅请假回绍兴探亲，6月22日，"上午七时抵上海……往归仁里西泠印社购景宋本《李翰林集》一部六册，又《渠阳诗注》一部一册，《宾退录》一部四册，《草莽私乘》《鸡窗闲［丛话》《蕙櫋琐［杂］记》各一部，各一册，《董解元西厢记》《元九宫词谱》各一部，各二册，共价十元二角八分，后二书拟以赠人"。

鲁迅第一次往西泠印社，就买了很多书。探亲结束回到北京后，鲁迅以《元九宫词谱》赠沈商耆，《董解元西厢记》赠戴芦舲，算是给教育部同事的回乡礼品。

一年多之后的1915年，鲁迅开始与西泠印社书信往返、预约和购买图书。

1915年1月6日，"寄西泠印社信并银九元，豫约景宋本《陶渊明集》二部四元，景宋本《坡门酬唱集》一部三元，《桃花扇》一部一元二角，邮费八角"。西泠印社的景宋本做得很好，身在北京的鲁迅便进行预约和邮购。

3月2日，"上午寄西泠印社信并银六元"。这一时期，鲁迅四处看房，同一天，还和汪书堂等人往新帘子胡同看屋，同时公事也很忙，"下午开教育设施要目讨论会"，但还是坚持买书。

3月9日，"下午得西泠印社复信"。

3月11日，"得西泠印社所寄《越画见闻》一部三册，《列仙酒牌》一册，《续汇刻书目》一部十册"。

4月4日，"寄西泠印社信并银八元"。

4月10日，"得西泠印社明信片"。

4月11日，"西泠印社寄来《遁庵古镜存》二册，《秦汉瓦当存》二册，《敦交集》一册"。鲁迅重视古镜，藏品中有"十二辰镜""端午镜""蒲桃（葡萄）镜""日光大明镜""日有熹镜""青羊镜"等，此外还有很多古镜拓片。在《吕超墓出土吴郡郑蔓镜铭考》（现编入《集外集拾遗补编》）一文中，鲁迅提到，他收藏的唐代小镜上刻有"五月五日午时造"，考证古人是为了选择太阳光线最强烈的时候进行铜镜冶炼，这一习俗，"当始于晋，至唐犹然"，所以他的古镜收藏并不完全为了好玩，还带有很强的学术研究味道。

4月14日，"上午寄西泠印社信"。

4月20日，"上午收西泠印社所寄《补寰宇访碑录》四册"。《补寰宇访碑录》，清代赵之谦编，因增补孙星衍、邢澍《寰宇访碑录》之缺漏及新出碑版，故名。体例与孙、邢原编相同，惟增补缺漏甚夥。

4月27日，"收西泠印社所寄仿宋《陶渊明集》一部四册"。

4月28日，"午后至邮局寄上海伊文思图书公司信并银五十元，为三弟买书。又寄西泠印社信并银十三元，自买书"。

5月4日，"得西泠社明信片，一日发"。

5月6日，"上午得西泠印社所寄《两汉金石记》六册，《丛书举要》四十四册，《罗鄂州小集》两册，景宋刻《京本通俗小说》二册，分三包。寄二弟信（三十）。寄西泠〔泠〕印社信并补邮费二角，以券代之"。

5月29日，"上午寄西泠印社信并银八元"。

6月7日，"上午西泠印社寄至《百汉研碑》一册，《求古精舍金石图》四册，共一包"。

7月4日，"上午得……西泠印社书目及《学镫》各一册，前一日发"。

7月28日，"寄上海西泠印社信并银六元"。

8月5日，"下午得西泠印社寄来《艺风堂考臧金石目》八册，《阮盦笔记》二册，《香东漫笔》一册，二日付邮"。

8月6日，"下午得西泠印社明信片，三日发"。

8月7日，"寄西泠印社信"。

8月11日，"西泠印社寄书目来，九日发"。

8月13日，"得西泠印社信，十日发"。

9月14日，"下午西泠印社寄来《说文古籀拾遗》一部二册"。

9月15日，"得西泠印社明信片"。

9月16日，"复西泠社信"。

9月18日，"夜寄西泠印社信并银三元，又附吴雷川先生买书帐一枚，信一函"。

9月27日，"上午得西泠印社信，廿四日发"。

9月28日，"上午西泠印社寄来《文馆词林汇刊》一部五本，廿四日付邮"。

可以看出，1915年，鲁迅与西泠印社的交往主要集中在3月至6月，这一时期非常密切。这也符合爱书者买书的一般规律，即集中一个时间段，在熟门熟路处买书。

1916 年，鲁迅与西泠打交道达 6 次，买书和碑帖 7 种。

6 月 17 日，"下午西泠印社寄书目一册至"。

7 月 14 日，"上午寄西泠印社函并银八圆买书，午后又补寄邮券三角"。

7 月 21 日，"上午得西泠印社函并《古泉丛话》一册，《艺风堂读书记》二册，《恒农冢墓遗文》一册，《汉晋石刻墨影》一册，作一包，十九日付邮"。

8 月 31 日，"得西泠印社明信片，又《东洲草堂金石跋》一部四册，三元"。

9 月 1 日，"答西泠印社明信片"。

12 月 5 日，"往西泠印社买《刘熊残碑》阴并侧拓本二枚，一元四角；《高昌壁画精华》一册，六元五角；印泥一两，连合三元"。

值得注意的是，从 1917 年 1 月到 1928 年 7 月的 11 年半时间里，鲁迅并没有再向西泠印社买书，即使收到书目也无动于衷。

1917 年 5 月 28 日，"西泠印社寄来书目一册"。

1921 年 11 月 5 日，"夜寄西泠印社信"。

11 月 12 日，"上午西泠印社寄来书目一册"。

1926 年 9 月 19 日，"得三弟信并西泠印社书目一本，十三日发"。

这期间只有1922年2月2日下午游厂甸时,才买了西泠印社排印本《宜禄堂金石记》一部、《枕经堂金石跋》一部,各四本。这只是西泠印社排印本,并不是向书店购书。笔者的理解是,这11年时间,鲁迅的研究方向和注意力有了一定的变化,藏书方向也微调,特别是1923年周氏兄弟失和后,鲁迅的一部分藏书落入八道湾,其日渐完善的藏书体系被破坏,加之南走厦门、广州,最后定居上海,买书的态度相对比较超脱了。

到了1928年7月,受许钦文和川岛等人的邀请,鲁迅到杭州短暂旅游,其间鲁迅往西泠印社(孤山社址)茗谈并买书。7月13日鲁迅日记:"午介石邀诸人往楼外楼午餐,午后同至西泠印社茗谈,旁晚始归寓。在社买得汉画象拓本一枚,《侯悄墓志》拓本一枚,三圆;《贯休画罗汉石刻象》景印本一本,一元四角;《摹刻雷峰塔砖中经》一卷,四角。"这一晚,章廷谦(矛尘)还邀鲁迅诸人到功德林夜饭。

川岛回忆:"到杭州的第二天,由郑石君邀往湖内楼外楼午饭,看馔烹调,颇受鲁迅先生的欣赏,对菜肴中的一味虾子烧鞭笋,鲁迅先生尤为赞许。饭后,走到西泠印社,在四照阁饮茶闲谈,一直谈到傍晚,主要是谈萧伯纳和高尔基的作品,也谈一些中国的绘画雕刻和别的。临出来时还在西泠印社买了一些拓本,内中有一种是三国贯休(引按:贯休为唐代人,此处疑川岛误记)画的罗汉像石刻影印本,我由于先生的

介绍，也买了一本，计十六帧，现在还藏着。"（川岛《和鲁迅相处的日子》，人民文学出版社 1958 年版，第 55 页）

贯休画的罗汉像是 1926 年杭州西泠印社据清乾隆拓本影印，这本书鲁迅 1935 年赠送给了增田涉。"今天已将我写的字两件托内山老板寄上，铁研翁的一幅，因先写，反而拙劣。包中有贯休画的罗汉像一册，是大为缩小后的东西，只觉得有趣才送给你，别无他意。"

1930 年，鲁迅到西泠印社买书一次。9 月 14 日，"午后三弟来，同往西泠印社买《悲盦賸墨》十集一部，二十七元；《吴仓石书画册》一本，二元七角。又为诗荃买《悲盦賸墨》三本（每三．四元），《吴仓石书画册》一本（同上），又《花果册》一本（一．六），《白龙山人墨妙》第一集一本（二．六），共泉十三元六角"。

到了 1931 年，鲁迅又一次和西泠印社有了密切的交往。

1931 年 4 月 19 日，"午后同三弟往西泠印社买北齐《天龙寺造象》拓片八枚，三元七角"。

4 月 20 日，"晚托三弟往西泠印社代买《益智图》《续图》《字图》及《燕几图》共六本，四元二角"。

6 月 7 日，"同三弟往西泠印社买石章二，托吴德元（光）、顾（陶）寿伯各刻其一，共用泉四元五角"。

鲁迅非常讲究印章，现在保存下来的鲁迅印章有 57 方之多，其中原印 49 方，印鉴 8 方，分别珍藏在北京鲁迅博物馆和上海鲁迅纪念馆。这些印章，有的是鲁迅请人刻的，有的是别人赠送的，大多是当时一些篆刻名家的作品。1931年6月7日是鲁迅请西泠印社的顶级名家为自己刻印。日记中的"吴德元"应为当时正在上海开办西泠印社上海分社的吴德光，顾寿伯应为"陶寿伯"，这是鲁迅误记。

陶寿伯(1902—1997)，名知奋，江苏无锡人，于绘画、书法、篆刻无不精能，画梅被称圣手，于右任评其"刻印推海内巨手，画梅亦为第一"。

吴德光(1902—1971)，又名熊，字蟠蜚，晚年号右旋居士，浙江山阴(今绍兴)人，西泠印社创始人之一吴隐之子，能刻印，擅镌碑，一生著述宏富，编著有《封泥汇编》等。

吴德光为鲁迅所刻者，是那方著名的仿汉篆体"鲁迅"白文印。该印系石章，10毫米见方，高38毫米，顶款有"德光"二字，印文字体为缪篆，此字体是汉定六书之一，介于篆隶之间，采用双刀刻法，"平正方直，庄严雅健"，"外貌若拙而无一笔不巧"。(王锡荣、乔丽华选编《藏家鲁迅》，上海文化出版社2009年8月版)

鲁迅非常喜爱这方白文印，常用作20世纪三四十年代出版的鲁迅著作的"版权印花"。1933年11月11日，鲁迅在致郑振铎的信中说："居上海久，眼睛也渐渐市侩化，不辨好坏起来，这里的印人，竟用楷书改成篆体，还说什么汉派浙派，我也随便刻来应用的。至于在书上的那一方，那是西泠印社中人所刻，比较的好。"鲁迅称赞的那方印，就是吴德光所刻白文"鲁迅"印。从此信中同时也可以看出，鲁迅对当时一般上海印人的水平是很不屑的。

鲁迅也常把这方白文"鲁迅"印用在自己的书法条幅上。如鲁迅书赠许寿裳（题款中称"季兄"）的"惯于长夜过春时"七言律诗条幅，以及"万家墨面没蒿莱""曾惊秋肃临天下"等自书诗稿。（北京鲁迅博物馆编《鲁迅自书诗十首》，人民美术出版社1971年版）鲁迅致信宋庆龄、蔡元培等，在署名后也常常钤上此印。

1932年12月30日，"晚三弟来并为代买得西泠印社印泥一合，价四元，书籍三种五本，共泉四元八角"。查鲁迅书账，这三种书分别是：《籀经堂钟鼎文考释》，1元；《有万熹斋石刻跋》一本，0.8元；《苏斋题跋》三本，3元。合计4.8元。

1935年3月15日，"寄西泠印社信索书目"。

3月20日，"午得西泠印社书目一本"。

3月21日，"午后蕴如来，托其往西泠印社买书六种共七册，共值四元七角"。

这是鲁迅最后一次在西泠印社买书，查其书账，所买六种书分别是：《贯休画罗汉》一本，0.7元；《陈氏香谱》一本，1元；《山樵书外纪》一本，0.4元；《开元天宝遗事》一本，0.9元；《碧声吟馆谈麈》二本，1.2元；《来鹭草堂随笔》一本，0.5元。共计4.7元。

　　鲁迅与西泠印社的交往，主要包括通信片，索要寄送书目，品茗谈事，定制印石，以及购买西泠印社排印的拓片、信笺、画册、古籍等。西泠印社作为专业印学艺术团体，鲁迅与其也形成了一种艺术上的互动，这典型地表现在他主笔的《蜕龛印存序》一文中。

　　1916年，同为绍兴人的篆刻家杜兆霖(1876—1933，号蜕龛)作《蜕龛印存》，周作人为之作序370余字，终因不谙印学源流，自己不满意，便夹在家书中寄给北京的大哥，请其帮助修改润色。接到二弟求援后，鲁迅欣然命笔，将序言由原稿370字增至470字。1917年周作人以笔名启明将《蜕龛印存序》发在绍兴的《越社丛刊》第四期。周氏兄弟合作的这篇序文道出了印学起源及历史，如文中谈到印章"始于周秦"，其最初用途乃"执政所持，作信万国"，并谓"铁书之宗汉铜，固非徒以泥古故也"，可谓追根溯源、精辟独到。这是鲁迅存世著作中唯一论说印玺的文章，很有见地，弥足珍贵。

博古堂

1924 年夏，创办于西安的国立西北大学与陕西省教育厅合议筹设暑期学校，聘学者名流任教，该校邀鲁迅等人去西安讲学，鲁迅允之。时距周氏兄弟决裂不久，鲁迅已正式搬出八道湾，心情无比郁闷。答应国立西北大学去陕西，既为夏期讲演，又为他谋划已久的长篇小说《杨贵妃》寻找感性材料，也为散心。

鲁迅于 1924 年 7 月 14 日到达西安，8 月 4 日离开，前后逗留 20 余天。这次陕西之行内容十分丰富，涉及交游、讲演、阅市、购物、会友、赴宴、观戏等多个方面，可谓不虚此行、大有收获，今人读其当时日记，亦艳羡无已。

鲁迅在西安期间，多次同张勉之、孙伏园、李济之等往博古堂、南院门等处"阅市""阅古物肆"，虽然没有买到书，但有购买碑帖的记录。

鲁迅日记载：

七月十五日昙。午后游碑林。在博古堂买耀州出土之石刻拓片二种，为《蔡氏造老君像》四枚，《张僧妙碑》一枚，共泉一元。

七月二十日晴。上午买杂造像拓片四种十枚，泉二元。

七月三十一日晴，热。上午尊古堂帖贾来，买《苍公碑》并阴二枚，《大智禅师碑侧画像》二枚，《卧龙寺观音像》一枚，共泉一元。

除上述碑帖外，鲁迅还买了乐妓土寓人二枚、四喜镜一枚、魌头二枚、小土枭一枚、小土偶人二枚、磁鸠二枚、磁猿首一枚、彩画鱼龙陶瓶一枚、大小弩机五具。鲁迅的淘宝活动大约也惊动了西安古董商，如尊古堂的"帖贾"就闻讯找上门来，鲁迅从他手上买了《苍公碑》二枚、《大智禅师碑侧画像》二枚、《卧龙寺观音像》一枚。鲁迅在西安买包括碑帖之内的古董共计花钱32元，并不算多，收获却不小，可谓满载而归，以至于8月12日夜半抵北京前门时，"税关见所携小古物数事，视为奇货，甚刁难，良久始已，乃雇自动车回家"。

据单演义先生考证，博古堂在西安府学巷内，碑林附近，主人叫李子俊，世居长安，专营碑帖之业，"至于曾否到西北大学卖给鲁迅先生碑帖，因为事隔三十余年，已经记不清楚了"。（单演义《鲁迅在西安》，陕西人民出版社1981年版，第88页）另据李子俊说，西安没有"尊古堂"，想系"博古堂"之误。陈觉元《陕西记游》中，亦记有"至博古斋择尤购数十种以归"事，虽将"堂"写作"斋"，但"博古"二字没错。因此，可以断定《鲁迅日记》中的"尊古堂"系"博古堂"之误。

鲁迅在西安购买的碑帖如下：

《蔡氏造老君像》，据单演义先生考证，应为《吴氏造老君像》。

《张僧妙碑》，北周天和五年（570）刻立，石在陕西耀州药王山，以耀州为北朝佛教极盛之地。书法由隶变楷。

《苍公碑》，据毕沅《关中金石记》可知即《苍公庙碑》，隶书，碑原在白水黄龙山庙内，为纪念中华上古传说中黄帝的史官、中华文字始祖仓颉，于汉延熹五年（162）所立，现藏西安碑林博物馆，文字模糊不清，惟"苍颉天生，德于大圣，四目灵光"等字可辨，书法茂密秀丽。

《大智禅师碑》亦名《义福禅师碑》，在西安碑林，是著名唐隶碑刻之一，唐开元二十四年（736）立，由严挺之撰文，史惟则书写碑身及碑额。碑额为篆书，碑身两侧线刻华丽的蔓草、凤凰骑狮、仙童和瑞兽及迦陵频伽等，为盛唐首屈一指的花纹名碑。

卧龙寺在西安市碑林区柏树林街，如今是佛教全国重点寺院。据寺内碑刻载，寺院创建于汉灵帝时（168—189），隋朝时称"福应禅院"。宋初有高僧惠果入寺住持，终日高卧，时人呼为"卧龙和尚"。宋太宗时（976—997）更寺名为"卧龙寺"。寺内原藏有宋版大藏经，后移存陕西省图书馆。

鲁迅广泛搜集碑帖画像，抄录、校订、研究，这种潜入古代的暗功夫使他在汲取传统文化养料的同时，也炼就了一双观察艺术世界的慧眼。他曾说："在唐，可取佛画的灿烂，线画的空实和明快。"又对许寿裳说："汉画像的图案，美妙无伦，为日本艺术家所取。即使一鳞一爪，已被西洋名家交口赞许，说日本的图案如何了不得，了不得，而不知其渊源固出于我国的汉画呢。"（许寿裳《亡友鲁迅印象记》，人民文学出版社1953年版，第37页）他在西安购买的碑帖虽然少，但因是在陕西本土所购，对于了解西北碑石状况，很有助益。

鲁迅一生搜购中国历代拓本5100余种、6000余张，大略可分为刻石类，包括碑碣、汉画像、摩崖、造像、墓志、阙、经幢、买地券等；吉金类，包括钟鼎、铜镜、古钱等；陶文类，包括古砖、瓦当、砚、印等。蔡元培说："金石学为自宋以来较发展之学，而未有注意于汉碑之图案者，鲁迅先生独注意于此项材料之搜罗，推而至于《引玉集》《木刻纪程》《北平笺谱》等等，均为旧时代的考据家、赏鉴家所未曾著手。"（《鲁迅全集》序）是为确当之论。

北京鲁迅博物馆、上海鲁迅纪念馆所编《鲁迅辑校石刻手稿》三函十八卷，收入近800种铭刻，篆、隶、正、楷、行，诸体皆工，一丝不苟，其中有许多是鲁迅亲笔抄校。上自周秦两汉古籀篆，下至六朝南北碑，鲁迅无所不习，多者临数十遍。许寿裳在《鲁迅先生年谱》中记："先生著译之外，复勤于纂辑古书，抄录古碑，书写均极精美。"鲁迅对碑石、汉字演变的研究，直接影响了其书法艺术、写作风格、审美取向，甚至影响了其世界观的形成和演变。对传统文化批判最激烈的鲁迅，却从中吸收了无穷的营养。鲁迅在西安搜求碑帖之初心，也当如此视之。

广雅书局

鲁迅在广州的时间是 1927 年 1 月 18 日到 9 月 27 日，其间编就了脍炙人口的《野草》《朝花夕拾》《唐宋传奇集》和《小约翰》等著译，写下《而已集》《三闲集》中不少名篇，世界观、人生观也发生了深刻的变化。

在广州，鲁迅光顾过的书店有广雅书局、双门底的旧书店、登云阁、丁卜书店，还自办了一个书店叫北新书屋。

广雅书院由两广总督张之洞于光绪十三年（1887）六月创办，创办后，因"海内通经致用之士接踵奋兴，著述日出不穷，亟应续辑刊行"，于是在十月创立广雅书局。书局原设于菊坡精舍，后在省城旧机器局厂屋修葺应用，聘请顺德李文田学士为总纂，开局以后，雕刻成书者千余种，雕片逾十万。书局所刻的各种经籍图书，均赠广雅书院藏书楼（名冠冕楼），供院中诸生借阅研习。

广雅书局延续至 1904 年第一次停办，历时近 20 年，在晚清官书局中后来居上，取得了显著的成就。虽然张之洞在创办广雅书局后不久即赴任湖广总督，但他在广州创办的广雅书局和广雅书院，对广东文化教育起了积极推动作用。徐信符《广雅书局丛书·总叙》对广雅书局刻印的典籍作出高度评价："公既振兴文教，凡四方珍异孤本莫不麇聚纷来，复经诸通人辨别，故所刊者无俗本，无劣工，其选择之精，校雠之善，当世久有定论。"（转引自刘晓伟《晚清著名官书局广雅书局出版事业的兴衰》，人民网 2017 年 4 月 6 日）

鲁迅在广州时，多次去广雅书局买书。有时是亲自买：7 月 3 日，"下午从广雅书局买《东塾读书记》《清诗人征略》《松心文钞》《桂游日记》各一部共二十三本，七元七角"。《东塾读书记》是陈澧（兰甫）所作。陈，广东番禺人，清著名学者，生平从事教育和著述，世称"东塾先生"。《清诗人征略》《松心文钞》《桂游日记》均为张南山（维屏）所作，张，广东番禺人，和陈澧是好友，以诗著名，反帝诗篇《三元里》是他的名作。可见鲁迅对广东历史文物很有兴趣。

有时是托许广平或其家里工人买：6 月 9 日，"托广平往广雅图书局买书十种共三十七本，泉十四元四角"。这十种书即《补诸史艺文志》四种、《三国志裴注述》、《十六国春秋纂录》、《十六国春秋辑补》、《广东新语》、《艺谈录》、《花甲闲谈》。书有缺页，故有 6 月 13 日所记一条："从广雅书局补得所买书之阙叶，亦颇有版失而无从补者。"鲁迅买书并不是置之高阁，而是及时检阅并修补。

7 月 4 日，"晨阿斗为从广雅书局买来《太平御览》一部八十本，四十元"。阿斗是许广平家里的老工人。

关于鲁迅的搜书，许广平在《鲁迅手迹和藏书的经过》中说，鲁迅的书，都是"仅凭个人足迹所及，即节衣缩食买来，如到厦门、广州、杭州，便即往书肆找寻，往往坊间绝迹之书，如广雅书局出版的杂著，亦必托人买来"。（《图书馆》1961年第4期）

双门底和永汉北路的书店

广州城历史悠久，西汉赵佗开创，宋开宝四年（971），宋灭南汉后，把广州城向南拓展至江边。淳祐四年（1244），把"双阙"大规模改建，上为楼，下为两个并列的大门，俗称"双门"，从此今北京路中段一带有了"双门底"的名称。双门底曾处于老广州城的中轴线，市井繁华，商贾云集，是广州城内的商业中心，被称为"岭南第一街"。

双门底附近书院林立，人文荟萃，旧书坊远近闻名，极一时之盛。书坊大都以堂、楼、斋、阁、园为名，如芸香堂、拾芥园、味经堂、聚文堂、聚珍堂、古经阁、儒雅堂等。清代双门底书坊名声在外，被称为"藤州才子"的广西人苏时学（1814—1874）每次来广州，都会下榻地近双门底的仙湖街旅舍，客中无事，苏氏便携钱入市，广收古帙，书满一床。山东藏书家李文藻（1730—1778）为著名书法家、顺德学者苏珥写传，到处找不到苏氏文集，后来听说苏珥的藏书全部卖给了双门底的书坊壁鱼堂，便托人到壁鱼堂打听购买。越秀山上的书院学海堂曾以"双门底卖书坊"命题，让学生作文。番禺人侯康（1798—1837），少孤家贫，买不起书，为买一部《十七史》，母亲向别人借贷。于是侯康将《十七史》反复阅读，滚瓜烂熟，遂通史学，并曾担任学海堂山长，侯康写的《双门底卖书坊拟白香山新乐府》诗云："双门底，比阛峙。地本前朝清海楼，偃武修文书肆启。东西鳞次排两行，庋以高架如墨庄。就中书客据案坐，各以雅号名其坊。"（林子雄《清末民国广州的书店业》，《羊城晚报》2013年11月13日。下同）

双门底的旧书店，壁鱼堂书店早在清代乾嘉年间就有文献记载，道光年间的汲古堂亦见之于史籍。同治后，江浙人在双门底经营点石斋、蜚英馆、同文书局、纬文书局等书店。维新运动前后，时务书局、时敏书局、开明书局专销从上海运来的新书。不久，商务印书馆、中华书局、世界书局、大东书局等著名书店先后进驻这块人文宝地，凡在知识界有盛名、有抱负的书局、报馆，无不想跻身双门底。民国时期，永汉路的书店多设在马路东侧，而西侧多为文化用品店。

清末民初，商务印书馆、中华书局等代表新书业的机构在上海开张。1907年1月，商务印书馆在广州永汉北路（今北京路176号科技书店）设立分馆，发行总馆的教科书、古籍线装书等。1912年冬，中华书局在永汉北路158号设立分局，经营中华书局教科书和儿童读物等。至20世纪30年代，永汉北路自南往北较大间的书店有50号的儿童书局、126号的广益书局、142号的大东书局、146号的民智书局、178号的北新书局等，一时间永汉北路是书局林立，成了书店"一条街"。100米左右的街道，各店都不宽敞，如开明、大众、

老广州街景中的书坊

商务印书馆发行所

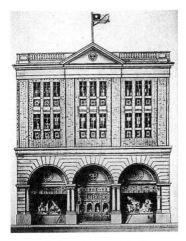

商务印书馆广州分馆

生活书店的店面只有三四十平方米。有些则屈就小巷里，如锦章、林记、华通、大成新记、中原、广智等书局在圣贤里（今北京路联合书店以南）。

　　鲁迅广州时期频繁往双门底和永汉北路一带的书店买书。如 3 月 16 日，往商务印书馆"买《老子道德经》《冲虚至德真经》各一本，泉六角"。3 月 18 日，"下午阅书肆，在中原书店买《文心雕龙补注》一部四本，八角"。4 月 24 日，"下午阅旧书肆，买书六种共六十三本，计泉十六元"。这六种书即《寰宇访碑录校勘记》《十三经及群书札记》《巢氏病源候论》《粤讴》《白门新柳词记》《南菁书院丛书》。其中《粤讴》乃曲类，招子庸撰，咸丰八年（1858）广州登云阁重补刻本，可以说是鲁迅捡的漏。7 月 26 日，"往商务印书馆买单行本《四部丛刊》八种十一本，二元九角"。这八种单行本即《韩诗外传》《大戴礼记》《释名》《邓析子》《慎子》《尹文子》《谢宣城诗集》《元次山文集》。

登云阁

民国初年，随着新书业的兴起，原来在双门底那些集编印及发行于一身的书坊业已式微，大部分转到较为偏僻清静的府学东街（今文德路）继续经营，许多书坊倒闭，个别仅靠出售旧书生存，如登云阁、观旧书店。1932年，浙江学者朱希祖从南京来广州中山大学任教时，在文德路古香书屋买到一部明万历间刊《宋宰辅编年录》，18册索价40元，后以36元购得，"为之狂喜"。

永汉北路的登云阁是胡毅生与数人合伙经营的书坊，楼下卖古籍，楼上给文人雅集，古籍生意做得非常好。

鲁迅在登云阁买书的记录有：8月13日，"在登云阁买《益雅堂丛书》一部廿本，《唐土名胜图会》一部六本，甚虻，共泉七元"。因为时不时会买到"虻"书，故有8月12日"下午修补《六醴斋医书》"和17日"下午修补《六醴斋医书》讫"两处记载。《益雅堂丛书》则是鲁迅所需国学书籍。

丁卜书店

许广平回忆说："双门底的旧书店和广雅书局的线装本固然吸引过鲁迅，然而更加具有吸引力的却是丁卜书店的新作品，带有理论性的读物给予他以新的力量，从而辨明了是非邪正所在。"（许广平《回忆鲁迅在广州的时候》，《鲁迅在广州》，广东人民出版社1976年10月版，第180页）

丁卜书店在广州昌兴街上。昌兴街是北京路上一条100米左右的老街。1927年位于此街的创造社出版部广州分部（今昌兴街四十二号二楼）和丁卜书店（今昌兴街二十号）是鲁迅常去购书的地方。

"与创造社联合起来，造一条战线，更向旧社会进攻"是鲁迅来广州主要想做的事情之一。于是，到广州不几天，他便去创造社访问，可当时创造社的骨干郭沫若已经北上，鲁迅来广州未能与郭会面。

1927年间，《阿Q正传》在广州脱销，兼营床上用品的丁卜书店出售油印的六十四开横写本，每本售价一角，大为畅销。

目前，二楼的"创造社出版部广州分部"旧址如今做了民宅，而丁卜书店旧址则成了一间新潮发廊。

北新书屋

鲁迅一生只当过一次"老板",那就是在广州芳草街44号开办了北新书屋。

鲁迅到广州后,因当时"广州文艺方面除创造社一些读物外,其他芜杂得很",就想开一家书店,把北方的北新、未名社出版物介绍给广州青年。店址经多方比较后,以每月60元租金租下惠爱东路(今中山四路)芳草街44号二楼,前房用作办书店,后房住人。该房原是孙伏园离粤赴武汉留下的空房,有两个房间、一个厨房。前房的书店三边矗立书架,中央一个长柜,顾客只能挤在书架之间,站着挑选书籍。

书店为什么叫"北新书屋"?许广平特意写过一篇《北新书屋》的短文,详述北新书局开张前因后果,发表在同月31日广州《国民新闻》的副刊上,广而告之。其中说:"名目呢?书籍多是北新书局的,但这里又不是书局,倒是人家,那么,叫作'北新书屋'吧。"相当于北新书局设在广州的代售点,实际上完全由鲁迅自收自支,北新书局不参股,也不干涉经营,只是给鲁迅不定期邮寄书籍,如开业前几天,3月17日收到9包,3月24日收到26包,3月25日收到15包。此后鲁迅每月均能收到图书,最多的一次是4月30

永汉北路的北新书局

日收到北新书局的 32 包和未名社的 8 包，计 40 包。同时，因未名社包装之法非常简陋，最初所寄之书，"纸包无一不破，书名破损"，而北新之包，无一破者，因此鲁迅也提醒李霁野"望此后寄书，可往北新参考其包装之法，以免损失"，做事不可谓不缜密。

1927 年 3 月 25 日，北新书屋在芳草街开业，原本清冷的芳草街顿时热闹起来，鲁迅也兴高采烈地在书屋里招呼前来购买新书的青年，并和大家畅谈未名社的书刊和《莽原》杂志在北方的影响。书屋平时由许广平的妹妹许月平经营料理，稍有空闲，许广平也来帮忙。鲁迅也常常抽空来和青年见面谈文学。

北新书屋开业头两个月，确实热闹兴旺了一阵子。关于

广州鲁迅纪念馆内复原的北新书屋

这一点，从鲁迅的书信中就能看出来：

4月9日致李霁野："前回寄来的书籍，《象牙之塔》《坟》《关于鲁迅》三种，俱已卖完，望即续寄。《莽原》合本也即卖完，要者尚多，可即寄二十本来。"并讲了他当老板的一个发现："这里的学生对于期刊，多喜欢买合本，因为零本忽到忽不到，不容易买全。""《穷人》卖去十本，可再寄十本来。""托罗兹基的文学批评如印成，我想可以销路较好。"如此大谈图书生意，在鲁迅一生中，绝无仅有。

4月9日致台静农："《莽原》合本，来问的人还不少，其实这期刊在此地是行销的，只是没处买。第二卷另本也已售罄，可以将从第一期至最近出版的一期再各寄十本来。以挂号为稳，因此地邮政似颇腐败也。"

4月20日再致李霁野："来信可寄广州芳草街四十四号

二楼北新书屋（非局字）收转，书籍亦径寄北新书屋收。这是一间小楼，卖未名社和北新局出版品的地方。《莽原》第五、六期各十本及给我之二本，今天收到了。广东没有文艺书出版，所以外来之品消场还好。《象牙之塔》卖完了，连样本都买了去。"

许广平回忆道："作为文艺性的读物，广州青年这方面却大感缺乏，鲁迅为填补这一缺憾，经过一位青年朋友的帮助，在芳草街的一个楼上借租下来，在当时还流通不到南方的鲁迅作品以及未名社的一些作品，陆续寄到这里出售……"（许广平《回忆鲁迅在广州的时候》，《鲁迅在广州》，广东人民出版社1976年10月版，第180页）在鲁迅的辛勤开垦和耕耘下，北新书屋成了广州文艺"沙漠"中一块小小的绿洲。

但是好景不长，由于蒋介石在广州"清共"，广州的革命形势急转直下，一批进步青年被抓被杀，进步出版物受到查处，鲁迅悲愤万分，毅然辞去中山大学的一切职务以示强烈抗议。与此同时，书店也迅速走下坡路。

鲁迅本来不善于做生意，这个书店，也是在犹豫中开起来的。许广平说："幸而四五天以前，书籍陆续的寄到了，书店本可以逐渐开起来。但是这位先生却又不想开书店了，——其实也不会，——以为麻烦得很，不如托一个熟人随便出掉它。"鲁迅开书店的初衷首先是觉得"广州的文坛太寂寞了，想'挑拨'一下"，从效果来看，"挑拨"的目的也达到了，而此时形势不容乐观，是该到关停的时候了。6月30日，鲁迅在致李霁野的信中写道："这里的北新书屋，我想关闭了，因为我不久总须走开，所以此信到后，请不必再寄书籍来了。"

8月，北新书屋关停，鲁迅将所剩存书廉价让给了永汉路（今北京路）的共和书局。8月15日鲁迅日记："上午至芳草街北新书屋将书籍点交于共和书局，何春才、陈延进、立峨、广平相助，午讫，同往妙奇［季］香午饭。"即使赔本停业，散伙饭还是要吃的。鲁迅很重视同人情谊，此前的7月14日，"晚黎仲丹赠荔支一筐，分其半赠北新书屋同人"。收到一筐荔枝，也要和北新书屋同人分享。停业所欠的80元，也由鲁迅付清。

9月27日，鲁迅离开了涉足仅几个月的广州。北新书屋是鲁迅唯一一次当老板，尽管耗时耗力又折本，但毕竟对广州新文学运动起到了一定的推动作用。

芳草街在中山三路农讲所旁边。目前，麻石地板上"芳草街"三个字历历在目。北新书屋旧址在芳草街44号，据鲁迅先生的儿子周海婴著文叙述，当年北新书屋的房子1980年还在，他去那儿拍过照片。现在因房地产开发已被拆了，连门牌都找不到。

伊文思书局

19 世纪中叶后，随着外国列强的涌入，外文书刊公司陆续在通商口岸出现。20 世纪初期，中外书商在上海先后注册登记经营外文书的书店有近百家，其中别发书店（Kelly & Walsh）、中美图书公司、伊文思书局三家规模较大，并称为沪上三大西文书店。

伊文思书局最初叫伊文思图书公司，是英国人爱德华·伊文思（Edward Evans）夫妇 1889 年创办的以销售外文图书为主的一家书店，在中外文化交流史上地位比较重要。

伊文思图书公司全称"爱德华·伊文思父子图书有限公司"（Edward Evans & Sons. Ltd），最初设在虹口北四川路 30 号，后迁至当时二马路红礼拜堂对面，即今九江路 200 号，更名伊文思书局。（参见张翔、吴萍莉《〈鲁迅日记〉中的伊文思图书公司》，《上海鲁迅研究》第 76 辑《鲁迅与上海》，第 143 页）

20 世纪 30 年代中期，爱德华·伊文思去世，其子乔治·伊文思继承书店经营。与当年上海多数洋行一样，伊文思书局很早就大量使用华人雇员，浙江人孙祚型还担任了书店的总经理。1935 年 11 月，乔治·伊文思鉴于战争一触即发，无心继续经营，便返回英国，华商沈芝泉等集资十万元接手书店，并于 1937 年迁至南京路 220 号。

伊文思书局是随传教士来到上海的，但其本身并没有太多的宗教色彩。初创时伊文思主要服务于生活于上海的外国人，经销的书籍包括外国宗教类书籍、外国教科书以及世界文学小说类书籍，后来又不断扩展业务，逐步发展到经销各类办公文具、西洋乐器和各种绘画、摄影材料以及自来水笔、墨水、文具、皮包等。1979 年 8 月，绘画大师刘海粟在接受记者采访时，回忆起当年在上海办学时经常去伊文思买油画颜料的情景，他说："……经过外白渡桥第一座商店叫别发洋行，还有伊文思、普鲁华，三家都是书店。以前书店都称洋行，因为不仅卖书还卖颜料。有外国侨民住在这儿，日本人也很多。到伊文思去的很多，我在那里看到的第一本书就是委托斯贵支的画册。第一张油画就是临的委托斯贵支的作品。"（王欣《刘海粟 1979 年忆美专与欧游首次公布》，《东方早报·艺术评论》2016 年 8 月 17 日）

伊文思采取一种相对自由的自主经营模式，不设分公司，其最大的经营特点是同各地的教会大学和外国人拥有领导权的大学、医院签订合同，借此垄断了上海市一部分地区教育、邮电、铁路、海关系统的文具采购业务。据孙祚型子女回忆："伊文思书局的经营特点是搞托拉斯。市内属 SMC（工部局）所辖的中学教科书、练习簿、专业图书、图表它都包销，各地教会大学和外国人有领导权的大学、医学院、医院，如圣约翰、沪江、之江、燕京、东吴、北大、清华、南开等大学，宏仁、同仁、同济、北京等医院与伊文思书局签订合同，通过邮电局、铁路局将进口教科书、图书、文具、专用簿册发送各地。"此外，"伊文思书局善于把握商机，开拓业务领域，捧西瓜为利润，拾芝麻为服务，代诸广告。每逢开学前，伊文思书局派员进驻各院校销售文具及书籍。遇暑假日，派员将袖珍小说、画报、胶卷等商品运到避暑胜地去卖。圣诞节来临，伊文思特制装帧精美的贺卡，给父母、先生、同学、朋友的分别设计，并且使用立体的信封，供各界人士选购，这些贺卡深得白领阶层欢迎"。（孙廷芳《父亲与伊文思书局》，《世纪》2003年第3期）由于拥有四通八达的国际购书渠道，业务领域广阔，用人制度严格，加之规范化的西方企业管理方式和周到的服务，伊文思几年间便收获了大批顾客，获得了良好的业界口碑。

鲁迅唯一一次与伊文思书局打交道是北京时期的1915年4月28日："午后至邮局寄上海伊文思图书公司信并银五十元，为三弟买书。"

此时，鲁迅已在北京教育部任职，三弟周建人在家乡绍兴明道女中（后改为绍兴县立女子师范）任教。五十元不是一个小数目，鲁迅向伊文思书局邮购了什么书，不得而知。笔者猜测，有可能是鲁迅支持周建人搞生物学研究方面的外文书籍。因为鲁迅早在日本留学时，得知周建人有志自学生物学，就给予他热情鼓励。1909 年，鲁迅从日本回国前，给周建人寄了几本外国人写的英文书籍，有《植物学》《野花时节》《植物学辞典》《植物的故事》，还寄给他一架解剖显微镜。从此，周建人就开始学习起植物学来。生物学书籍在当时是一个冷门，大多由外文翻译或外文原著，绍兴根本无法买到。因此，身居北京的鲁迅就想方设法为三弟搜集相关书籍。此前的 1913 年 3 月 13 日，鲁迅还寄给周建人《埤雅》一部四册，《尔雅翼》一部六册，支持他研究植物学。所以，1915 年鲁迅从伊文思图书公司为三弟所购之书，也极有可能是植物学方面的。

鲁迅日记中，还有一次关于伊文思书局的记录，是 1918 年 6 月 24 日，"得伊文思书馆寄二弟信"。可知伊文思书馆将寄给周作人的信由鲁迅代转，信的内容不得而知。

相比较而言，周作人与伊文思书局打交道更为频繁，早在绍兴时期就已经开始了。周作人日记中最早出现伊文思是 1912 年 12 月 25 日："又伊文思金三元，托注文 *Comparative Studies In Nursery Rhyme*（8/6）一册。"此后的 1913 年 1 月 17 日和 2 月 12 日，伊文思又分别寄来信笺或汇钱，请求周作人为西书注文。周作人购买西书，除了由日本的相模屋和丸善书店代购外，也常委托伊文思书局代购。1913 年 3 月 2 日，周作人的日记里第一次有了伊文思寄书的记录，"得伊文思廿八日寄 *Barnes Botany Part II*

Physiology 一本",之后周作人同伊文思的交往日益密切,从伊文思买的书也越来越多。

伊文思书局同其他外文书店相比,图书的类目可能少一些,但其明显优势是进书速度快。相模屋的西书自日本漂洋过海来到绍兴,在途运输一般只要一周左右,逢年过节还会延后二至三天。但伊文思一般需要三日左右,且运费较低。乡居绍兴的周作人同时接受着中国传统文化和西学,并为自己建构了一个广阔的私人阅读文化空间。他直接从欧美各国和日本购买的西书未经国内知识分子的曲解和二次加工,所以,周作人的阅读视野反而优于同时代的知识分子,这也造就了周作人的学术视野。

伊文思书局在抗战爆发前曾有过辉煌的业绩,当年任职于商务印书馆的藏书家周越然(1885—1962)在其《申市过去的西书店摊》中写道:"(上海)发售西书资格最老的店铺,恐怕是'别发洋行'——除了'别发'之外,恐怕要算'伊文思书馆'的资格最老。他们最初在北四川路,后来移至九江路,最后来移至南京路。他们与'别发'不同,为美国几片书坊的代理人,几乎完全没有与中国人做交易的意思。我向'伊文思'购的西书,约在 2000 种以上,而'别发'购的至多 300 种。"(周越然《言言斋书话》,陕西师范大学出版社 1998 年版,第 305 页)由此可知,和别发洋行相比较,伊文思书局更亲近中国读者,喜欢与之做生意,给其时的知识分子留下了很好的印象。

抗战期间，外文书刊进口渠道受阻，伊文思书局业务几乎陷于停顿。抗战胜利后，伊文思外文书籍业务有所回升。1947 年后，上海经济虽几近崩溃，但伊文思店中经销的名画、钢琴及洋纸也成为有钱人的争购对象。上海解放初期，由于当时各类学校外语课由英语改为俄语，伊文思等外文书店业务逐渐萎缩。1950 年，上海在福州路开设国际书店上海分店，统一负责办理外文图书的进口和销售业务。1956 年，随着全国工商业改造，伊文思书局也并入了上海文化用品系统，成为国营商业的组成部分，1959 年伊文思改名为"万国仪器用品商店"，1966 年又更名为"向阳文化用品商店"。（上海市黄浦区档案局编《福州路文化街》，文汇出版社 2001 年版）至此，伊文思书局谢幕。

内山书店

1

1913 年 3 月，一位叫内山完造的日本人被大阪眼药会社参天堂派到上海推销药品，从此在上海居住达三十五年之久，并在此创办了中国现代作家笔下书香四溢的内山书店，内山完造本人也由此在中国现代文学三十年中成为一个文化交流与传播的使者。

内山完造生于 1885 年，日本岗山人，12 岁起即在大阪和京都的商店当学徒。来到上海后，内山完造最初推销药品。1916 年，内山完造在日本与美喜子结婚后，偕夫人内山美喜子同赴上海，并于 1917 年以美喜子的名义创设了内山书店。

内山书店初址在上海虹口的北四川路余庆坊弄口旁的魏盛里（现四川北路 1881 弄），书店最初通过牧师从日本购进一些觉醒社出版的《逆境之恩宠》等基督教福音书出售，第一个月营业额为 84 元 2 角，第二个月营业额为 120 元。在顾客的建议下，增加了岩波书店的哲学丛书等一般性读物，营业额上升到 500—600 元。在营业额达到 1000 元时，书店以 10 元保证金安装了一部电话，鲁迅与内山完造结识后，常通过这部电话拜托内山请日本医生须藤先生为其治病。1922 年，内山书店雇了中国少年王宝良等做帮手，王宝良在内山书店一直干了 24 年。

1924 年，内山完造买下了魏盛里临街的一所房子作为独立的书店经营场所。1928 年，又将与其相邻的房子买下合并，内部用白灰粉刷一遍后，设了两个出入口，书店里边全部改造为可放书架的格局。1929 年，内山书店迁至施高塔路 11 号（现四川北路 2048 号）营业，书店的规模也逐渐增大了。

内山书店的销售借鉴了推销医药的功夫，以实现创业之初的资本积累，概括起来有以下几种形式：

广告开路。书店油印了"诱惑状"，即图书广告。诱惑状有些像今日的"中邮专送广告"，横式 32 开，写有 10 余种书名、作者，分别装入信封写上顾客姓名，近处的由王宝良送达，远处的则邮寄。诱惑状最初印 100 份，后来增加到 500 多份，有力地促进了书店的销售。1926 年，书店营业额已达 8 万元，其中有 1/4 是中国人购买的。

诚信为本。内山完造信仰上帝，对中国人、日本人一视同仁，他把这种信仰带到书店经营中，就体现出一种大胸襟，任何人在书店都可以赊账，店方从来不催账，都由顾客月末主动结账。诚信乃为人之本，内山完造将书店的兴衰成败完全

内山兄弟（完造与嘉吉）

交给了顾客，也使顾客对其产生了足够的信任与尊敬。很多年后，郭沫若、叶灵凤等在回忆与内山书店的关系时都坦承自己还有一笔无法还清的债，那就是在内山书店尚有赊账未清。

服务至上。内山书店已经有了现代企业服务上帝的那种理念，书店的书籍全部敞开陈列，读者可随手翻阅；店堂里摆着可供读者休息和看书的长椅和桌子；在书店外的人行道上设有茶缸，免费为过往行人供应茶水。

营销策略。1927年，日本国内出现了"一元书"热，日本改造社在预约现代日本文学全集五十册时首先推出以每本一日元的价格每月分送，引起热烈响应。内山书店把握住了这次机会，迅速向上海的日本人推销"一元书"，这些人包括教会中的友人，银行、商社、公司中的读书人，上海

上海多伦路上的内山书店

东亚同文学院的学生以及中国的读书人。内山书店售出的改造社书籍有：现代日本文学全集一千套、经济学全集五百套、新潮社世界文学全集四百套、改造社马恩全集三百五十套、春阳堂长篇小说全集三百套、平凡社大众文学全集二百套等，对培养读书人的精神产生了重大而深远的影响。

经过多年发展，内山书店成为日本书籍在华的最大销售点。尤其难能可贵的是，在白色恐怖的20世纪二三十年代，内山书店以其特殊的身份成为中国进步知识分子了解世界的窗口，是一处包围在白色恐惧中的文化自治之所。

20世纪20年代后期的中国，是一个暗波潜存、生机滋长的变革时代的前夜，军事、政治领域中，朱、毛率领的红军离开井冈山，开始积极扩大革命根据地，而意识形态领域则盛行白色恐怖：1929 年 1 月 10 日，国民党中央常务会议通过宣传品审查条例，计十五条。其中第五条规定，凡"宣传共产主义及阶级斗争"为"反动宣传品"，上海有几家进步书店因经售华兴出版局（曾出版过列宁的《国家与革命》等十几种马列主义著作）的出版物曾被国民党一度封闭。1930 年 12 月，在国民党政府颁布"出版法"四十四条对刊物及出版物严加限制前，"左联"刊物《拓荒者》《萌芽月刊》《巴尔底山》等已全部被禁，或转入秘密出版，中国面临着严重的文化生态危机。此后，白色恐怖与文化迫害愈演愈烈，至 1931 年 9 月，国民党政府共查禁 228 种书刊，而鲁迅自费出版的《铁流》等六种进步文学读物也在国民党的禁售范围内。

值得庆幸的是，内山书店以其日本老板的特殊身份，成为一处进步文化的避难所，书店不仅大量销售马列著作等进步书籍，而且出售当局查禁的进步书籍，代售《铁流》等进步文学读物，并从 1932 年起，成为鲁迅著作代理发行店。于是 30 年代的上海就出现了这样一种似怪非怪的情况：中国书店买不到的书，可以在内山书店买到；中国书店不敢经售的书，内山书店也能经售。这是 20 世纪 30 年代中国文人之幸，亦是其时中国文学之幸。

内山书店不仅是一处图书销售的场所，更是一个文化交流的场所。20 世纪二三十年代的上海虹口四川北路是文化界人士居住最集中的地方，这些文化界人士的聚会常常便在内山书店。内山完造在这里创立了"文艺漫谈会"，为文化人的交流提供了条件。漫谈会在中日文化界人士之间进行，中国方面的参加者有郁达夫、田汉、欧阳予倩等留日回国的"海归派"青年文学艺术家，日本方面的参加者则大多是生活在上海或来沪访问的著名文化人士。其时，参加漫谈会的中日文化界人士就政治、文艺等问题自由交流，形成一种良性的文化互动，在20世纪二三十年代的上海显得极其可贵。

鲁迅与内山书店缘分殊深。

1927年10月3日，鲁迅从广州抵达上海，开始了在上海的十年战斗岁月，毛泽东在《新民主主义论》中指出，在军事的围剿和文化的围剿中，鲁迅成了中国文化革命的伟人。

鲁迅到上海的第三天，就往位于四川北路魏盛里的内山书店买书，从此成了书店的常客。

据尹敏志先生撰文描述，鲁迅与内山完造首次见面的情形如下：

一九二七年，一位穿白麻长衫的顾客慕名来到店里，购买数本书后，用日语与完造说道：

"老板，这些书请送到窦乐安路景云里××号。"

"好的，请问尊姓大名？"

"叫周树人。"

"啊——您就是鲁迅先生啊，久仰久仰。早听说您从广

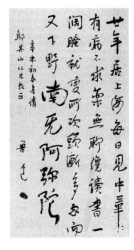

鲁迅 1931 年书赠内山完造（邬其山为完造日文名的谐音）诗

州回上海了，刚才没能认出来，失敬失敬。"

这是两人第一次见面。此后鲁迅几乎每天都来店里，内山完造回忆："抽着烟飘飘而来，买几本书后，又飘飘而去。"后来鲁迅经常带几个年轻人一起来，他自己朝门坐在藤椅上，一边与他们谈话，一边观察外面的情况——若有异常，就立即起身转移。1931 年"龙华事变"后，胡也频、柔石等二十四人在上海淞沪警备司令部里被枪杀，风声鹤唳之下，鲁迅干脆搬进书店二楼。

内山完造在另一篇回忆鲁迅的文章中说，当他听说鲁迅

1933年初夏，鲁迅与内山完
造摄于内山寓所前

已到上海后不久，"就有一个常常和二三个朋友同道着，穿蓝长衫的，身材小而走着一种非常有特长的脚步，鼻下蓄着浓黑的口髭，有清澄得水晶似的眼睛的，有威严的，那怕个子小却有一种浩大之气的人，映上了我们的眼帘"。当内山完造知道他就是鲁迅时，十分敬仰和热情。从此，二人建立了深厚的友谊，经常相与过往。（转引自《鲁迅年谱》上册，安徽人民出版社1979年版，第364页）从1927年10月鲁迅首次去内山书店购书到1936年逝世止的十年间，他去内山书店五百次以上，购书达千册之多。

鲁迅来往内山书店是什么样的情形呢？

萧红回忆，鲁迅从不戴手套，不围围巾，冬天穿着黑土蓝的棉布袍子，头上戴着灰色毡帽，脚穿黑帆布胶皮底鞋。出门时，大家劝他围上围巾，他说："从小就没戴过手套围巾，戴不惯。"胶皮底鞋夏天穿着热，冬天又凉又湿，大家劝他换掉，他不肯，说胶皮底鞋子走路方便。于是，他就这样走着去内山书店，两只手露在外边，很宽的袖口冲着风就向前走，腋下夹着个黑绸子印花的包袱。这个包袱他每天随身携带，出去时带着给青年们的回信，回来时又从书店带来新的信和青年请他看的稿子。

内山书店不仅是鲁迅的购书场所和著作代理发行店，还是鲁迅躲避国民党当局通缉的秘密住所，更是鲁迅和进步人士秘密联络的地方，甚至成了地下组织的联络站——方志敏在南昌狱中的文稿书信，北平与东北地下党等转给鲁迅的信等都由内山书店转交，内山书店不自觉地参与了中国革命的进程。

抗战结束后，国民党当局以敌国侨民强令内山完造归国，内山书店作为敌产被没收，至此书店停业。1959年，内山完造以日中友好协会副会长的身份来华访问，因脑出血病逝于北京。依照其生前意愿，葬于上海万国公墓。1980年，内山书店旧址被上海市政府列为市级文物场所。

1985年9月7日，在内山完造百年诞辰庆祝大会上，时任中日友好协会会长的夏衍对内山书店给予了高度评价，称其是追求光明的中国知识分子和青年学生了解世界的重要窗口，是联系中日友好和中日文化交流的桥梁。时至今日，这一评价仍不失公允。

2

2018 年的一天，我专程造访内山书店。

从拉摩斯公寓步行前往大陆新村 9 号，前后不过 5 分钟，中间要经过三角路口的内山书店。

鲁迅对书店和印刷厂的要求是很苛刻的，他在 1929 年 7 月 8 日写给李霁野的信中说："此地书店，旋生旋灭，大抵是投机的居多。去年用'无产阶级'做招牌，今年也许要用女作家做招牌了，所登广告，简直像香烟广告一样。"至于印刷厂，鲁迅也是略有微词，认为"脾气亦大，难交涉"。内山书店独能受鲁迅器重，可见绝非偶然。

内山书店是现代文学史上最著名的书店，远非其他普通书店可比。书店创立于 1917 年，鲁迅频繁到书店买书，参加文艺漫谈会，组织和参与"左联"的活动，并且和内山完造互有酬请。1930 年，鲁迅的名字上了国民党的一份"勾命单"，"蓝衣社"拟谋杀中国共产党领袖、左翼作家、反蒋军人政客，鲁迅因此避居内山书店达一月之久。他和内山书店唇齿相依的关系于此可见。

我很容易就寻访到了内山书店旧址，是四川北路 2050

坐落在神保町铃兰路上的东京内山书店（看板由郭沫若题写）

号。这是一个三角路口，书店坐北朝南，现在是一家工商银行，外墙嵌着 1980 年公布的"内山书店旧址"的牌匾，以及内山书店简史。不过银行已关闭，门口所贴告示称，因业务发展需要，该网点临时停业，自助机亦停机。我未看到装修迹象，是否如大家所愿专辟为内山书店纪念场所，不得而知。

经过内山书店，去山阴路的大陆新村本该朝东北方向走，但我一时疏忽，判断错了方位，向东竟然到了溧阳路，便将错就错，根据地图标注，寻访了鲁迅的秘密藏书室旧址。

这是一幢建于 1920 年的红瓦灰墙砖木结构的三层新式里弄房屋，在四川北路派出所斜对面，门牌号是溧阳路

1359 号，鲁迅的藏书室在二楼东前间。此楼外观普通，目前是私宅，旁边开着一家咖啡店，又注明系某某装饰接待处。本是普通房屋，因曾经贵为鲁迅藏书室而略显神秘色彩。有趣的是，可能出于对鲁迅藏书室这一资源的争夺，楼房临街相邻的两家门脸，同时使用着 1359 号门牌。

1933 年的上海虹口是不安宁的，白色恐怖弥漫，柔石等"左联"五烈士被国民党龙华警备司令部秘密杀害，杨杏佛被暗杀，鲁迅也受到国民党的通缉，常常受到特务们的监视。"此地变化多端，我是连书籍也不放在家里的"。在"运交华盖欲何求"的特殊岁月，为了妥善珍藏书籍，鲁迅以镰田诚一的名义租下这间屋子作为藏书室，并且把"镰田诚一"的长方形木质名牌挂在门口。

镰田诚一是内山书店职员，曾帮助鲁迅布置了三回德俄木刻展览会，危难之际，也是镰田诚一护送鲁迅和妇孺逃入英租界。鲁迅对镰田诚一是心怀感念的，镰田诚一年仅 28 岁去世后，鲁迅罕见地为其撰写了墓志，评价其"出纳图书，既勤且谨，兼修绘事，斐然有成"，惋惜其"蕙荃早摧"，情动于中，不能自已。作为中国现代文学的"头牌"，鲁迅一生只为韦素园、曹靖华的父亲曹植甫及镰田诚一三个人写过碑铭，唯独没有给同时代政治、经济、文化界的"大亨"们题写，这个有趣的现代文学史话题便显得意味深长。

鲁迅藏书室目前没有对外开放，但我对鲁迅亲自设计的

百年老店内山书店免费提供的书皮

活门书柜很感兴趣——本色无漆的木质书箱犹如一只只小小的集装箱，装满书就是书箱，打开来就是书架，随时都可以装上汽车运走。除了藏书，其中还有瞿秋白、柔石等人的手稿和纪念物。鲁迅逝世后，许广平携子移居淮海中路淮海坊，将这里的藏书也带走了。

我注意到，上海时期，鲁迅在四川北路这一带的活动轨迹，始终以内山书店为轴心，辐射到周边。四川北路和鲁迅有关的地名，分别是：景云里、拉摩斯公寓、大陆新村、溧阳路藏书室，这些地方都像一颗颗小钉子，被牢牢吸附在内山书店这块磁铁四周，就连 1956 年 10 月自万国公墓迁葬至虹口公园的鲁迅墓，也鬼使神差以内山书店为轴心，且弥补了北侧的空白，形成一种生前身后的平衡。

这真是一个十分有趣的现象。鲁迅在上海的九年，内山书店是他的公共书房、接待室、授课室、收发室、避难处，是其生活、写作、社交的总策源地。

懂得内山书店者，懂得鲁迅在上海的生活大半。

鲁迅逝世前一天（1936 年 10 月 18 日），用日文给内山完造写了便条："老板几下：没有到半夜又气喘起来。因此，十点钟的约会去不成了，很抱歉。托你给须藤先生挂个电话，请他速来看一下。"

这是鲁迅的绝笔。

他把对爽约的歉意留给了内山书店，更把对活着的渴望留给了内山书店。

参考文献：

尹敏志《东京的三家汉学书店》，《书城》2016 年 10 月号。

蟫隐庐

蟫隐庐是罗振玉的弟弟罗振常经营的书店，在上海三马路，和中国书店、博古斋、来青阁等一样，专卖线装古书及新版木刻书，活跃度仅次于中国书店。蟫者，蠹鱼也，书籍中之蛀虫。罗氏取此名，有坐拥书城、隐于书林之意。

日本著名文献学家长泽规矩也（1902—1980）曾长期在中国淘书，他对蟫隐庐的印象是："店面不大，不出版线装本，每年都印新旧书的目录，也时有精品面世。去年夏天卖出罗氏藏书，多是明版本，连北平图书馆也来收购。"长泽把在中国访书的见闻观感写成《中华民国书林一瞥》，成为日本人来华访书的专业手册和购书指南。此文载于《日本学人中国访书记》（中华书局 2006 年版，第 213 页）。

罗振常（1875—1942），近代学者、藏书家，浙江上虞人，为近代著名学者罗振玉的季弟。辛亥（1911）冬，他随兄长罗振玉举家避居日本东京净土寺町，1919 年挈眷返国后，在上海汉口路开设"蟫隐庐书庄"，长居书肆，成为清末民初大藏书家。香港中文大学所藏《四库全书》文澜阁写本之《中丞集》中，除印有乾隆皇帝的皇家印玺外，竟还有"罗振常""罗氏藏书""罗振常读书记""上虞罗氏终不忍斋藏书""振常私印"等个人藏书印。

罗振常不仅是书商和藏书家，也是一位目录学家，精于校勘，于版本源流、文字异同、收藏变迁皆详为稽考，编有家藏善本书目《善本书所见录》。旧上海书肆多，但并非每家都编印书目，罗氏则编有《蟫隐庐书目》《蟫隐庐新板收目》及《蟫隐庐旧本书目》三种。伦明在其《辛亥以来藏书纪事诗》"罗振常"条就专门提到蟫隐庐书店编纂的书目："余所见上海之古书流通处、中国书店、蟫隐庐，皆在辛亥后，杭州之抱经堂更在后，此就较大者言之。若孤种旧书，刊印书目，则始自上海，而故都效之。大抵营业方法，上海胜故都，而经验不如。向见《蟫隐庐书目》，井井有条理，甚讶之，后询知其主人为上虞罗振常，字子经，盖叔蕴从弟，隐于书者也。"如今要找一套完整的《蟫隐庐书目》颇为不易。

鲁迅第一次见到《蟫隐庐书目》，是在北京教育部任职的 1915 年 7 月 27 日。这一天，鲁迅收到二弟周作人寄自绍兴的一包书籍，包括《再续寰宇访碑录》《读碑小笺》《眼学偶得》《唐风楼金石文字跋尾》和《风雨楼臧石》拓本等，此外还有一本《蟫隐庐书目》。当时蟫隐庐代售罗振玉所刊书，这正是蟫隐庐的经营特色。罗振玉 1911 年后在日本避居 8 年，潜心整理随身所带的海量文献资料，先后著录《殷虚书契前篇》《后篇》及《殷虚书契精华》等书。1914 年，罗振玉、王国维合著的三卷本《流沙坠简》由日本京都出版

九曲桥上罗振常全家 12 人照，左三着马褂者为罗振常，摄于 20 世纪 30 年代

社出版，对所收录的敦煌汉简和残纸、帛书都做了精确的分类和详尽的考释，被视为首次全面解读汉简的开山之作。鲁迅 1922 年评价："中国有一部《流沙坠简》，印了将有十年了。要谈国学，那才可以算一种研究国学的书。开首有一篇长序，是王国维先生做的，要谈国学，他才可以算一个研究国学的人物。"

周作人当年千里迢迢将书目寄给大哥一观，恐怕也是注意到了书目中的罗振玉著作。收到周作人寄来的书目后，1915 年 9 月 12 日，鲁迅就汇钱到蟫隐庐，购买自己需要的几册书，其中就有《流沙坠简》。据鲁迅书账，《流沙坠简》

共三册，13.8 元。

但鲁迅购买罗振玉的著作并不多，除《流沙坠简》外，再没有见到相关记录，大约是比较了解罗氏为人。在《谈所谓"大内档案"》一文中，鲁迅就不客气地点名批评罗振玉："自从历史博物馆将这残余卖给纸铺子，纸铺子转卖给罗振玉，罗振玉转卖给日本人，于是乎大有号啕之声，仿佛国宝已失，国脉随之似的。"罗振玉治学有个习惯，每搜购一批古文物，考校出书后便卖掉，然后再买一批，如此反复，所以鲁迅说："罗振玉呢，也算是遗老，曾经立誓不见国门，而后来仆仆京津间，痛责后生不好古，而偏将古董卖给外国人的，只要看他的题跋，大抵有'广告'气扑鼻，便知道'于意云何'了。"

鲁迅与蟫隐庐建立联系后，不管是在北京，而是后来寓居上海，曾多次向蟫隐庐去信索阅销售目录，根据需要汇款购书。

1915 年，鲁迅从蟫隐庐买到的书除《流沙坠简》三册外，还有《权衡度量实验考》一册，《四朝宝钞图录》一册，《金石萃编校字记》一册，《万邑西南石刻记》一册；《秦汉瓦当文字》二册，《郑厂所藏泥封［封泥］》一册，《通俗编》八册（寄绍兴）；《云窗丛刻》一部拾册，《碑别字补》一册，《严州图经》《景定严州续志》《严陵集》各一部（"用外国劣纸印之，并成恶书"）；甲寅年《国学丛刊》八册。

1916 年，鲁迅继续收到《蟫隐庐书目》，但这一年并没有买书，可能是受了前一年"用外国劣纸"印成的"恶书"的影响。

　　1916 年 12 月，鲁迅归里省亲，为母亲过六十生辰，之后于 1917 年 1 月北返，5 日抵上海，在周昌记客店住定后，便往三马路蟫隐庐买书。这是鲁迅第一次在蟫隐庐本店买书，他花 6 元购得乙卯年《国学丛刊》十二册。

　　此后的几年，鲁迅与蟫隐庐联系并不多，仅于 1918 年 9 月收到一册书目。再次买书是 1921 年。2 月 22 日，鲁迅"得蟫隐庐信片并《拾遗记》二本，甚劣，价八角"。3 月 17 日，"午后蟫隐庐寄来《拾遗记》一本，又《搜神记》二本，不全"。对这次购书，鲁迅给出了差评，第二天直接"寄蟫隐庐信并还《搜神记》"，这是退货了。

　　1921 年 4 月，鲁迅两次从蟫隐庐购得《毛诗草木鸟兽虫鱼疏》、《永嘉郡记》辑本、《汉书艺文志举例》、《楚州金石录》、《五余读书廛随笔》各一本，之后就与蟫隐庐几乎断绝了联系，直到 1928 年寓居上海后，鲁迅又开始造访这家位于上海公共租界中区三马路的旧书店，有时也委托许广平前往购书。

　　具体买书情况如下：

　　1928 年 2 月 12 日，"往蟫隐庐买《敦煌石室碎金》《敦煌零拾》各一本，《簠斋藏镜》一部二本，共泉六元"。

　　1931 年 6 月 7 日，"在蟫隐庐豫约《铁云藏龟》一部，四元"。

　　8 月 13 日，"从蟫隐庐取得豫约之《铁云藏龟》一部六本，四元"。

1932 年 2 月 10 日，"下午同三弟往北新书局访小峰，又至蟬隐庐买陈老莲绘《博古酒牌》一本，价七角"。

2 月 19 日，"下午往蟬隐庐买《樊谏议集七家注》一部，一元六角"。

3 月 17 日，"下午往蟬隐庐买《王子安集佚文》一部一本，《函青阁金石记》一部二本，共二元六角"。

3 月 30 日，"下午王蕴如及三弟来，为从蟬隐庐买书两本，共泉一元五角，遂留之夜饭"。

1934 年 7 月 16 日，"托广平往蟬隐庐买《鼻烟四种》一本，价一元，以赠须藤先生"。

10 月 4 日，"下午广平为从蟬隐庐买《安徽丛书》三集一部二函十八本，价十元"。

10 月 6 日，"广平往蟬隐庐为取得豫约之《仰视千七百二十九鹤斋丛书》一部六函卅六本"。

1935 年 11 月 20 日，"上午托广平往蟬隐庐买《大历诗略》一部四本，《元人选元诗五种》一部六本，共泉八元八角"。

11 月 21 日，"午后往蟬隐庐买《明越中三不朽图赞》一本，一元三角"。

1936 年 1 月 3 日，"往蟬隐庐买《古文苑》《笠泽丛书》《罗昭谏〔文集〕》各一部共十一本，八元"。

9 月 2 日，"三弟来并为取得蟬隐庐书目"。这是鲁迅最后一次获得蟬隐庐书目，但此后再没有买书。

罗振常经营蟬隐庐，除收售一般古旧书外，还自行刊印一些历代典籍销售，"遇有宋元精刻、名家抄校，辄摩挲竟日不去手，爱书如命，每有心得收获，必郑重加以题跋，影印出版"。最引人瞩目的是《昌黎先生集》《河东先生集》两种。此外还印行有《蟬隐庐丛书》（15 种）和《邈园丛书》（26 种），是民国时期刊印书籍较多的一家书店。鲁迅所买蟬隐庐自行刊印的书籍有《铁云藏龟》（6 册）、《陈老莲博古酒牌》（1 册）等。

鲁迅是印刷出版方面的行家，眼高手高，对书籍的要求很高，因蟬隐庐所印之书，有些书是"用外国劣纸"所印的"恶书"，《拾遗记》被鲁迅认为"甚劣"，《搜神记》还被鲁迅退了货。在致许寿裳的书信中，鲁迅还提到"《博古叶子》（即《陈老莲博古酒牌》）无佳本，蟬隐庐有石印本，然其底本甚劣"，可知蟬隐庐书籍质量良莠不齐，怪不得鲁迅要抱怨。

参考文献：

内藤湖南等著、钱婉约等译《日本学人中国访书记》，中华书局 2006 年版。

吴萍莉、张翔《〈鲁迅日记〉中的蟬隐庐》，《上海鲁迅研究》2014 年秋。

来青阁书庄

来青阁书庄是苏州人杨云溪（？—1916）于 1886 年（一说 1869 年）创建于苏州阊门内的一家书店，以经营古旧书为主，1904 年迁至苏州较为繁华的卧龙街（后称护龙街）。

杨云溪累次赴南京、松江科考不中后，摆书摊为业，来青阁书庄开张后，即以发售学堂用书、收售旧书为主，同时也收购旧版四书五经及医药书籍，雇工修订后发售。

来青阁书庄的衣钵后来由杨云溪之孙杨寿祺继承。杨寿祺由于出身书估之家，对古书很感兴趣，祖父于是让他进店学习业务，核对卷页，辨别纸张、刻印年代，修补书籍，侍应招待顾客。杨寿祺的文化基础比一般从业人员高，能读懂序跋，进步很快。他对能"理解其意义而又性相近者"常细细阅读，记录其大意，对喜爱的野史笔记，往往手不释卷，竟"忘其在工作也"。当时常来书店的有诗人诸贞壮（名宗元）、画家商笙伯（名铺）、东吴大学教授黄摩西等。此外，上海商务印书馆的张元济和叶景葵、王培荪、葛嗣蔚、孙毓修等，每逢星期日必二三人结伴而来买书。当时上海住户多无书可售，苏州则多故旧之家，屡见剔旧贩卖者，还有书船从外地采购书籍，所以苏州书市实盛于上海。

1907 年，发生了湖州陆氏皕宋楼藏书为日本收藏家收购的事件，在国内引起轩然大波，有识之士从中认识到古籍之紧要，遂群起收购，加之辛亥革命后许多前清遗老纷纷将兴趣放在了书画图籍的品鉴题咏上，一时各地古旧书业兴盛，苏州旧书业随之发展，来青阁自然也不例外。为扩大业务，1913 年旧历正月底，杨寿祺和祖父到上海福州路 133 号青莲阁（今外文书店址）楼下东隔壁租到一间门面，开张了上海来青阁，货源全靠苏店代进。

1914 年，江南著名藏书楼浙江宁波天一阁发生被盗事件，来青阁因收购其部分书籍涉讼其中，被罚款。1916 年农历二月杨云溪去世后，二十四岁的杨寿祺便正式主持来青阁书庄。1918 年 4 月，杨寿祺举家迁至上海，书店的经营重心也由苏州转移到上海。他扩大收购范围，常去武汉、长沙、宁波等地收购书籍，到手的大宗书籍就包括宁波抱经楼藏书、常熟丁芝荪家藏书、慈溪万绿草堂王氏藏书、原广雅书局总办王雪澄家藏书、上海陈莅庄家藏书等。

经过十余年的苦心经营，特别是 1927—1937 年间，来青阁成为上海一家较有影响的旧书店。沪上名人光顾来青阁的资料常见诸报端，比如章太炎 20 世纪 30 年代曾去来青阁购书，出门时登上停在店门口的黄包车，即嘱："回家。"那车夫做的是过路生意，便问："家在何处？"孰料老先生一时竟想不起路名及门牌号，思索良久，仍无从记起。车夫急了："不告路名，如何送你回家？"老先生也急了："我是章太炎！"车夫是市井小民，自然没有听说过章太炎的大名，一时啼笑皆非。最后还是书庄的杨寿祺出面解围，告知路名。

郑振铎认为，来青阁是一家"买卖之外，还有交情"的书店。1958年，郑振铎在为新华书店总店业务研究班学员讲课时，谈到了过去的旧书店，也谈到了杨寿祺。他说："北京和上海的旧书店，与买书人都是朋友，到书店喝喝茶很方便。买卖之外，还有交情。来青阁杨寿祺很有趣味，请你看，不要买，这书他是留给某人的，这种交情不简单。"

可以说，正是这种有人情味的特质，使来青阁在上海旧书界很有影响。

鲁迅1927年10月定居上海，1929年起始与来青阁书庄打交道，一直到1936年，这正是来青阁生意如日中天的时候。查鲁迅日记，关于来青阁的记录共有24次，分别是：

1929年7月31日，"寄来青阁书庄信"。

8月3日，"上午收来青阁书目一本"。

1931年12月25日，"下午寄来青阁书庄信"。

1932年1月2日，"午后收来青阁书目一本"。

4月3日，"往来青阁买陶氏涉园所印图象书三种四本，《吹网录》《鸥陂渔话》合刻一部四本，《疑年录汇编》一部八本，共泉十九元"。

1933年2月2日，"往来青阁买《李太白集》一部四本，

《烟屿楼读书志》一部八本，共泉五元"。

12月3日，"星期。下午同三弟往来青阁买阮氏本《古列女传》二本，又黄嘉育本八本，石印《历代名人画谱》四本，石印《圆明园图咏》二本，共泉十三元六角"。

12月8日，"往商务印书馆邀三弟同往来青阁买原刻《晚笑堂竹庄画传》一部四本，价十二元。又《三十三剑客图》及《列仙酒牌》共四本，价四元"。

1934年1月1日，"午后访以俅未遇，因往来青阁购得景宋本《方言》一本，《方言疏证》一部四本，《元遗山集》一部十六本，共泉十八元"。

3月22日，"往来青阁买南海冯氏刻《三唐人集》一部六本，四元"。

4月20日，"下午往来青阁买《范声山杂著》四本，又《芥子园画传》初集五本，共泉四元"。

5月29日，"下午寄来青阁书庄信"。

5月30日，"得来青阁书目一本"。

6月2日，"午后往来青阁买《补图承华事略》一部一本，石印《耕织图》一部二本，《金石萃编补略》一部四本，《八琼室金石补正》一部六十四本，共泉七十元"。

6月16日，"午后……又往来青阁自买石印《圆明园图咏》二部二本，二元"。

12月27日，"午后往来青阁买《贵池二妙集》一部十二本，五元六角”。

1935 年 5 月 5 日，“寄来青阁书庄信”。

5 月 8 日，“晚得来青阁书目一本”。

11 月 15 日，“寄来青阁信”。

11 月 18 日，“得来青阁书目一本”。

11 月 21 日，“午后往蟫隐庐买《明越中三不朽图赞》一本，一元三角。又往来青阁买《荆南萃古编》一部二本，三元五角。《密韵楼丛书》一部二十本，三十五元”。

11 月 25 日，“下午往来青阁买刘刻百衲本《史记》一部十六本，严复评点《老子》一本，共泉十六元五角”。

12 月 30 日，“往来青阁买《论语解经》一部二本，《昭明太子集》一部二本，《杜樊川集》一部四本，共泉九元四角”。

1936 年 1 月 21 日，“往来青阁买书五种十本，共泉二十二元”。

20 世纪二三十年代的上海，旧书业已很发达，规模稍大的门店都会专门印制书目。从上述日记可知，鲁迅每隔一段时间都要向包括来青阁在内的书店索取书目，方便选购。先看书目再选书是鲁迅长期保持的习惯，他也常向日本的丸善书店、相模屋，上海的蟫隐庐、食旧廛书店索阅书目。

藏书家黄裳曾在《上海的旧书铺》一文中谈到来青阁：“来青阁有点像三马路上的一座文艺沙龙，买书人无事多来店里坐坐，海阔天空地聊一气，话题总离不开旧书。”据此亦可想象鲁迅出入来青阁之大概。

寓居上海期间，鲁迅致力于倡导新兴木刻运动，所以对图谱画传类书籍非常留意，上述在来青阁所购之书，就包括《历代名人画谱》《圆明园图咏》《晚笑堂竹庄画传》《三十三剑客图》《芥子园画传》《耕织图》等图画类书籍。

来青阁不仅收售旧书，也代顾客修补旧书，同时经营古旧纸张，鲁迅与郑振铎编纂《北平笺谱》时，还专门到来青阁挑选印笺谱的纸张。

鲁迅去世之后，杨寿祺株守上海来青阁艰难度日，因苏州河四川路桥上有日本兵站岗，过往行人都要向日军鞠躬，否则就要挨耳光，杨寿祺宁可不做生意，八年也不过桥一步，这一气节，在书业界传为佳话。

1946年，杨寿祺成功收得宋版《南宋六十家小集》，在上海旧书业界引起轰动，此书后售于南京中央图书馆，现藏台湾。来青阁由此短暂兴盛，成为沪上藏书界、文化界聚焦之地。

1956年来青阁公私合营后，并入上海古籍书店。

参考文献：

俞子林《百年书业》，上海书店出版社2008年版。

秋禾、少莉《旧时书坊》，三联书店2005年版。

张翔、吴萍莉《来青阁书庄里的鲁迅身影》，《上海鲁迅研究》2015年第2期。

豸华堂

豸华堂是民国时期杭州的一家旧书店。

豸（zhì），古书上说的没有脚的虫。《尔雅》："有足谓之虫，无足谓之豸。"其实是指狮、虎之类的猛兽。因为古时候人们把老虎称之为大虫。豸华，本意是猛兽色彩斑斓的皮毛，借指琳琅满目的藏书。

"文革"结束后，人民文学出版社重新出版《鲁迅日记》时，尚不知道日记中的豸华堂在何处。有人怀疑豸华堂可能在日本，还委托我国驻日使馆查询过，也不得要领。为此专门委派陈宗堂（笔名马蹄疾）一路南下，遍历有关省市寻访，仍无头绪。后来陈宗堂向杭州市文化局打探，文化局有关同志想到了杭州旧书界的耆宿——原解放路松泉阁店主王松泉，陈宗堂找到王松泉，才知道豸华堂书店民初即在杭州马市街口，与王松泉的松泉阁仅隔了条马路。（顾志兴《藏书家肖像》，《杭州日报》2020年1月17日）从此，豸华堂的历史才被后人所知。

豸华堂店主金述璋（？—1949），出身于杭州的书香门第、藏书世家。其曾祖金应麟（1793—1852），清道光六年进士，官大理寺少卿，著有《豸华堂诗文集》等，喜藏书，藏书处即称"豸华堂"，所藏宋元名刊甚多。其祖金修，清咸丰五年（1855）进士，曾官兵部员外郎，亦喜藏书。清咸丰十年至十一年（1860—1861）太平军入杭，豸华堂藏书损失颇多，金修遂将劫后余书捆载运至北京，及太平军败走，金修将豸华堂原藏及后在北京时购藏的图书移置杭州。金家衰微后，公推金述璋设肆售家藏图书、碑版，编成目录出让，以为"若任其固闭深藏，徒饱蠹腹"，又失先人藏书之意。遂于马市街金家老宅辟出一隅设肆售书，书肆即以"豸华堂"为招牌。（张翔、吴萍莉《关于豸华堂》，《鲁迅研究月刊》2013年第7期，第79—80页）

民国时的杭州旧书业店主为拓展业务，编印书目，散发各地公私藏书单位和个人，使购书人可按图索骥或函购，或登门选书。抱经堂自民国十年（1921）起开始编印书目，至抗战时歇业共编印书目三十余册。豸华堂书店主人金述璋初时经营不佳，后与城站文艺书局主人屠叙臣合作，编印《杭州豸华堂珍藏善本图书目录》寄往外埠，开展邮购售书，一时声誉颇佳，在爱书人中很有影响，事业蒸蒸日上。（顾志兴《杭州藏书史上的浩劫——侵华日军对杭州藏书事业的破坏》，宋涛主编《近代化进程中的杭州》，杭州出版社2011年版，第443页）

1936年9月，鲁迅邮购图书时，正是豸华堂书店经营正盛时。《鲁迅日记》1936年9月6日："得豸华堂所寄书目一本。"7日，"上午寄豸华堂信并邮票一元二角三分"。

仅仅过了三天，10 日，"豸华堂寄来《南陵无双谱》一本，价一元，往来邮费二角五分"。

这是鲁迅一生唯一一次在豸华堂买书。

《南陵无双谱》又名《无双谱》，初刻于清康熙三十三年（1694），绘画者是擅长人物画创作的绍兴人金古良，镌刻者则是康熙时期因刻《凌烟阁功臣图》闻名的御殿刻工朱圭，收入汉至宋 1400 多年间 40 位人物事迹举世无双的名人，如项羽、苏武、李白、司马迁等，绘成绣像并题诗文，称为《无双谱》。《无双谱》是清初浙派版画的力作，其画风受陈老莲影响，造型生动传神，刻工精美，每帧所配的乐府诗也是朗朗可诵，翻刻甚众。鲁迅所购，即是豸华堂依其母本翻刻者，价一元。

嘉业堂

嘉业堂是中国近代最著名的藏书楼之一，浙江吴兴藏书家刘承幹创立，亦营雕版印书，1924 年落成，地址在吴兴南浔镇。上海有分室，在爱文义路卡德路（今北京西路石门二路）刘宅附近。

刘承幹（1882—1963），字贞一，1913 年起开始收藏古书，不惜万贯家赀购书、抄书、藏书、刻书。嘉业藏书楼藏书 18 万册，60 万卷，为近代江南最大的藏书楼，刘承幹也成为江南最大的藏书家。刘于 1914 年为清皇陵植树捐巨资，得废帝溥仪赏赐"钦若嘉业"匾额，遂以名室。

鲁迅生于 1881 年，长刘承幹一岁。鲁迅与刘并无交往，但很重视刘承幹刻印的书籍，曾购买过二十多种嘉业堂刻书，据《鲁迅全集》统计，包括：

1923 年 1 月 5 日购《月河所闻集》一册，0.20 元。

1927 年 2 月 10 日购《玉溪生年谱会笺》四册，4 元。

1934 年 2 月 10 日购《司马温公年谱》四册，3 元。

6 月 2 日购《八琼室金石补正》六十四册，60 元。

11 月 3 日，鲁迅托三弟通过当时主编《申报》副刊《自由谈》的张梓生"从吴兴刘氏买得其所刻书十五种三十五本，共泉十八元四角"，这是鲁迅购买嘉业堂刻书最多的一次，书账中有详细记载：《三垣笔记》四本，1.60 元。《安龙逸史》一本，0.32 元。《订讹类编》四本，1.90 元。《朴学斋笔记》二本，0.80 元。《云溪友议》二本，1.12 元。《闲渔闲闲录》一本，0.56 元。《翁山文外》四本，1.92 元。《咄咄吟》一本，0.48 元。《权斋笔记》附文存二本，0.64 元。《诗筏》一本，0.40 元。《渚山堂词话》一本，0.16 元。《王荆公年谱》二本，0.80 元。《横阳札记》四本，1.60 元。《蕉廊脞录》四本，1.28 元。《武梁祠画像考》二本，4.80 元。

1935 年 1 月 31 日购《句余土音补注》五册，1.80 元。

2 月 1 日购《松隐集》四册，2.10 元。

据许广平回忆，嘉业堂丛书虽然不在上海出售，但鲁迅还是着意搜购："未出北京前，每有日文图书，亦由书店挑选送到。在上海，月必大量添购书籍，在上海时蟫隐庐之书和中国书店之目录，固然以之仔细寻找其爱读物，即《嘉业堂丛书》不在上海出售，亦必辗转托人购置。"

如果是孤本，则不惜手抄："其或属线装书因孤本难得，或因经济所限，一时未能购齐，则不惜亲自手钞或加意装订，都费去不少精力，阅之较坊间所出更觉精美，亦可见其珍爱藏书之一斑了。"

鲁迅在嘉业堂所购之书，都是由许广平、周建人夫妇、张梓生等人代购的，他自己 1934 年有两次亲到上海爱文义路（今北京西路）刘承幹府上买书的经历，但是并不愉快。

1934年5月3日，鲁迅收到许寿裳寄来的《嘉业堂书目》，当天日记载："得嘉业堂刊印书目一本，季市所寄。"5月5日，"午后往嘉业堂刘宅买书，寻其处不获"。5月7日，"午后往嘉业堂刘宅买书，因帐房不在，不能买"。5月8日在致许寿裳的信中描述了买书经过：

> 《嘉业堂书目》早收到。日来连去两次，门牌已改为八九九号，门不肯开，内有中国巡捕，白俄镖师，问以书，则或云售完，或云停售，或云管事者不在，不知是真情，抑系仆役怕烦，信口拒绝也。但要之，无法可得。兄曾经买过刘氏所刻书籍否？倘曾买过，如何得之，便中希示及。

一天去了两次，看到的是中国巡捕和白俄镖师，吃到了闭门羹，这使鲁迅意识到，嘉业堂的书不好买，"好像必须是熟人或走熟的书店，这才买得到"，所以他后来还通过在上海做编辑的陶亢德打听到嘉业堂买书的方法，又把这次不愉快的经历在杂文《病后杂谈》中做了生动描述：

> 但是到嘉业堂去买书，可真难。我还记得，今年春天的一个下午，好容易在爱文义路找着了，两扇大铁门，叩了几下，门上开了一个小方洞，里面有中国门房，中国巡捕，白俄镖

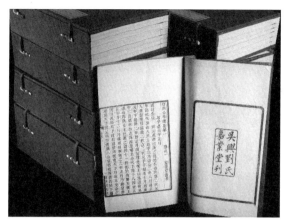

嘉业堂刊书

师各一位。巡捕问我来干什么的。我说买书。他说账房出去了，没有人管，明天再来罢。我告诉他我住得远，可能给我等一会呢？他说，不成！同时也堵住了那个小方洞。过了两天，我又去了，改作上午，以为此时账房也许不至于出去。但这回所得回答却更其绝望，巡捕曰："书都没有了！卖完了！不卖了！"

我就没有第三次再去买，因为实在回复的斩钉截铁。现在所有的几种，是托朋友去辗转买来的，好像必须是熟人或走熟的书店，这才买得到。

清末民初，南浔有"四象、八牛、十六条小黄狗"之说，

"象"指家产 1000 万两银子以上者，刘承幹便是"四象"之一刘镛的孙子。

刘承幹秀才出身，长期与著名考古学者王国维、罗振玉、版本目录学家叶德辉、缪荃孙等相交往，爱好古籍赏鉴，并承袭其父史学及继父刘安澜（刘锦藻的长兄）藏书遗志。嘉业堂以宋刊"前四史"、《永乐大典》42 册等最为珍贵，刘又大量雕版刻书，前后刻印了《嘉业堂丛书》《求恕斋丛书》《影宋四史》等，以精美典雅著称。值得一提的是，刘氏印书不为营利，大部分是赠人的，图书馆及学者名流只需来函，即可获寄赠，连邮费也由嘉业堂承担，因此有人称刘为"傻公子"。

既然刘如此出手大方，为何鲁迅登门购书却被拒绝了呢？20 世纪 80 年代初曾有人请教刘氏后人，得到的回答是：迅翁太认真了，其实以其大名，只要写一封短简，刘承幹必送无疑；亲自登门求购，反会遇到"阎王好见，小鬼难当"的尴尬。

事实上，在鲁迅登门的 1934 年，嘉业堂已是入不敷出，不复繁盛，刘承幹不但停止买书，且已开始变卖藏书，家业衰败，无心经营，鲁迅碰钉子也在情理之中。

鲁迅对嘉业堂主刘承幹有褒有贬。

在致杨霁云的信中认为"刘翰怡之刻古书，养遗老，是近于吕不韦式的"，"为名的成分多一点"，还说："其所刻书目，真是'杂乱无章'，有用书亦不多，但有些书，则非傻公子如此公者，是不会刻的，所以他还不是毫无益处的人物。"

在《病后杂谈》中对刘承幹的跋文也不认可：

每种书的末尾，都有嘉业堂主人刘承幹先生的跋文，他对于明季的遗老很有同情，对于清初的文祸也颇不满。但奇怪的是他自己的文章却满是前清遗老的口风；书是民国刻的，"仪"字还缺着末笔。我想，试看明朝遗老的著作，反抗清朝的主旨，是在异族的入主中夏的，改换朝代，倒还在其次。所以要顶礼明末的遗民，必须接受他的民族思想，这才可以心心相印。现在以明遗老之仇的满清的遗老自居，却又引明遗老为同调，只着重在"遗老"两个字，而毫不问遗于何族，遗在何时，这真可以说是"为遗老而遗老"，和现在文坛上的"为艺术而艺术"，成为一副绝好的对子了。

"缺着末笔"是从唐代开始的一种避讳方法，即在书写或镌刻本朝皇帝或尊长的名字时省略最末一笔。刘承幹对"仪"字缺末笔，是避清废帝溥仪的讳。

在致台静农的信中提到刘氏刻本不佳："瞿木夫之《武梁祠画像考》，有刘翰怡刻本，价巨而难得，然实不佳。"

但鲁迅在《病后杂谈》中又肯定了嘉业堂的刻书，甚至

表达了感激的意思:

　　《安龙逸史》大约也是一种禁书，我所得的是吴兴刘氏嘉业堂的新刻本。他刻的前清禁书还不止这一种，屈大均的又有《翁山文外》；还有蔡显的《闲渔闲闲录》，是作者因此"斩立决"，还累及门生的，但我细看了一遍，却又寻不出什么忌讳。对于这种刻书家，我是很感激的，因为他传授给我许多知识——虽然从雅人看来，只是些庸俗不堪的知识。

　　鲁迅极重视刻书，他抄校了大量古籍，刊印了许多中外版画集，主导了现代木刻运动，是现代出版事业的先驱，这一点与刘承幹有相似之处。但在刻何书的问题上，鲁迅与刘承幹还是有很大不同。刘刻的大都是正统之书，鲁迅则更重视野史笔记，他说："我以为倘有购买那些纸墨白布的闲钱，还不如选几部明人，清人或今人的野史或笔记来印印，倒是于大家很有益处的。但是要认真，用点工夫，标点不要错。""历史上都写着中国的灵魂，指示着将来的命运，只因为涂饰太厚，废话太多，所以很不容易察出底细来……但如看野史和杂记，可更容易了然了，因为他们究竟不必太摆史官的架子。"

　　嘉业藏书楼历经战火和动乱，日益破败。南浔镇于1949年5月2日和平解放，大军南下时，周恩来十分关心浙江两大藏书楼（南浔的嘉业堂和宁波的天一阁），曾要陈毅司令员派兵保护，不使损失。故解放军专门派一连战士驻守藏书楼，保护了这批珍贵书籍。1951年11月，刘承幹写信浙江图书馆，"愿将书楼与四周空地并藏书，书版连同各项设备等，悉以捐献与贵馆永久保存"。当时由浙江图书馆和嘉兴地区图书馆派干部接收。接收时藏书有十一万册左右，杂志三千余册，红梨木书版三万余块。现在的嘉业藏书楼是浙江图书馆的一部分。

刘承幹集数大藏书楼归一己之手，将稀缺版本刊刻流布，为此耗费巨量家财，在中国藏书、刻书史上是能够传为佳话的。而鲁迅对嘉业堂及刘承幹的评价，是则是之，非则非之，唯如此，方显鲁迅见识，也无损刘承幹文化伟业。

抱经堂

抱经堂是朱遂翔于1915年创办于杭州的一家古旧书店。

朱遂翔（1900—1967），字慎初，浙江绍兴人，藏书家、书商，一生致力于旧书经营。撰有《卖书琐话》《杭州旧书业回忆录》等。

朱遂翔1908年从绍兴乡下到清河坊拜师，因不识字，最初只干些劈柴、做饭、扫地之类的粗活，后刻苦学习，向同事讨教古旧书经营经验，得到了广元堂老板杨跃松的信任和赏识，派他收买古旧书，以广见闻、长才干。朱遂翔很快熟悉了江浙地区的古旧书市场，结识了不少古旧书商，初步积累了古籍版本鉴别和古旧书经营经验。1915年，25岁的朱遂翔即在杭州梅花碑自立门户，设抱经堂书局，实力日渐壮大，抱经堂逐渐成为杭州经营规模最大的书铺及江南知名旧书店。到20世纪30年代，抱经堂已成为全国古旧书行业的佼佼者。之后，朱遂翔又在上海设立分店，时人将他与孙殿起并称"南朱北孙"。

朱遂翔收购旧书富有传奇色彩，曾在杭州塘栖镇捡漏不少明刻本、宋元刻本，还先后以低廉的价格从江浙民间收购到宋版《李贺歌诗集》《才调集》，甚至还以二元一箱的价格买到七十箱陆懋勋（曾任翰林院编修、候补知府等职）的藏书，其中多为珍稀的本省方志及本地人著作稿本。（张同利《朱遂翔的捡漏传奇》，搜狐网"历史研究"频道 2017 年 4 月 23 日）

朱遂翔后来受到盐业总商、藏书家王绶珊赏识，委以全权代办收书业务，先后以低价收进常熟瞿氏铁琴铜剑楼宋版书 8 种，苏州邓氏群碧楼宋、元版 24 种，北京傅氏双鉴楼宋、元版书 15 种。他为王绶珊收购古籍的经费达 30 万元，自己也获利 10 多万元，从而成为民国资金雄厚、影响最大的书商。

朱遂翔贩书致富后，凭着对古籍鉴别的独到眼力，跻身于藏书家和目录学专家之列，开始为自己的藏品编制书目。民国时期，上海的中国书店首创汇编书目。朱遂翔在杭州也编《抱经堂书目》，目录中有目有价，一书一价，邮购的生意远至日本、美国，营业蒸蒸日上。"抱经堂除了编印一年一度的目录外，又编印临时书目及残本书目。他从民国十年（1921）起开始编印书目，直至停业时止，共出版目录 30 余册之多。这情况在杭州旧书业界也是独一无二的"。（王松泉《抱经堂书店与朱遂翔》，《杭州文史资料》第 6 辑，杭州市政协文史资料委员会 1985 年编印，第 58 页）学者叶景葵、马一浮曾为其《抱经堂藏书图》分别题句，马一浮题："书中自有黄金屋，世上应无白眼人。一语告君勤记取，卖书能富读书贫。"叶景葵题识记其"夫鬻书与藏书，皆有功于书者"。

作为书商的朱遂翔到底是个什么样的人呢？黄裳在《买

书记趣》一文中有过记述，读来很有趣。他说杭州清河坊过去有家抱经堂书店，主人是绍兴人，不知其名，"每见我踏进书店，必如临大敌，不但不肯出示善本，即陈于案头的断烂残册，一经取阅，无不变为奇书，妄索高价，绝少让；双目鼓出，咆哮如雷，是平生所遇仅有的书店店东"。(《万象》2004年第6卷第10期，总第65期)

在《访书琐忆》中，黄裳也记述了在抱经堂的一次不愉快的访书经历。1953年某日，黄裳去抱经堂，"店里空空的没一个顾客，只有女主人抱着小孩在看守。案上摊着零碎的破书，真是一无可观。这时发现书架背后一叠叠放着许多残书……多半有结一庐的印记，真是意外的高兴。选了半日，得书一叠，问价付钱，正要离开时，店主人一步踏了进来，立时惊惶失色，打开纸包，一一检点，说是无论如何也不肯卖了。最后讨价还价，以十倍于原价成交。还被抽下了一本吴枚庵抄的《百川书志》残卷。在这中间，他还大声地叱责着主妇，使她几乎哭出声来。"（黄裳《书之归去来》，中华书局2008年版，第152页）

双目鼓出，咆哮如雷，妄索高价，叱责主妇，这是黄裳对朱遂翔的印象。

朱遂翔在历年收进古书的同时，也买进了不少的古书版片，因此抱经堂自编和自印的古籍有25种。比如《西湖雷峰塔藏经》就是抱经堂影印的。抗战爆发后，抱经堂被迫关闭，所藏书籍尽数散失，朱遂翔也落寞而终。

　　鲁迅和杭州抱经堂打交道的次数并不多，但也折射出鲁迅身上浓厚的传统意味和旧式文人的影子。

　　鲁迅在杭州抱经堂直接买书只有一次。1928 年 7 月 12 日—17 日，受许钦文和川岛等人的邀请，鲁迅携许广平到杭州做了一次短暂的旅游，这也是他一生最后一次到杭州。

　　川岛（1901—1981），原名章廷谦，字矛尘，生于浙江上虞。与鲁迅曾同为杭州高中的教员（此教职为鲁迅回国后的首份工作）。川岛比鲁迅小 20 岁，因此二人可称作是忘年交。鲁迅在《我和〈语丝〉的始终》中回忆 1924 年的川岛等人"都是乳毛还未褪尽的青年，自跑印刷局，自去校对，自叠报纸，还自己拿到大众聚集之处去兜售，这真是青年对于老人，学生对于先生的教训"，让鲁迅深受感染。

　　许钦文（1897—1984），原名许绳尧，生于浙江山阴。1917 年毕业于杭州省立第五师范学校，文学创作受到鲁迅的扶植与指导，自称是鲁迅先生的"私淑弟子"。1926 年由鲁迅选校、资助的短篇小说集《故乡》出版。

　　其时，川岛和许钦文都在杭州教书，他们去上海邀请鲁迅的时候，鲁迅的精神状态如何呢？川岛说："先生所给我的印象不但是精神愉快、旺盛，而且使我对他有一种新鲜的感觉：脸上气色很好，不像以前那么沉郁而带着苍白色了；人也似乎胖了一些；身上的衣着也比以前整洁得多。我当时虽然没有说什么，心里却很高兴，感到鲁迅先生在日常的生活起居方面，已得到照顾，有了些改变。"川岛将这归功于许广平。

他们约定，由川岛先期回杭打点，留钦文在沪伴行——怕鲁迅临时再改变计划。

1928 年 7 月 12 日晚，鲁迅和许广平由许钦文陪同乘坐沪杭铁路到达杭州，住在西湖边的清泰第二旅馆。"鲁迅先生这一回在杭州游了西湖，也游了几处西湖里面的山；曾到旗下、清河坊、城站等一带热闹的街市上去买东西，买旧书，参观新旧书店。没有去吊古，也没有去访旧。我想，可以这么说的：真是玩了四天。"由于天太热，到了 17 日的早晨，鲁迅和许广平就离杭返沪了。在 7 月 18 日写给川岛的信中，鲁迅说："因为天气仍热，窃思逗留下去，也不过躲在馆中，蒸神仙鸭而已，所以决心逃去，于清晨上车了。沿路有风，近沪遇雨，今天虽晴，但殊不如西湖之热矣。"

鲁迅与许广平自 1927 年 10 月在上海同居，但鲁迅对这一层关系一度讳莫如深，所以川岛戏言，鲁迅和许广平此行杭州"像一个小型蜜月旅行"。

鲁迅在杭州住了四日，后来说到杭州时，"以为杭州的市容，学上海洋场的样子，总显得小家子气，气派不大。至于西湖风景，虽然宜人，有吃的地方，也有玩的地方，如果流连忘返，湖光山色，也会消磨人的志气的。如像袁子才一路的人，身上穿一件罗大褂，和苏小小认认乡亲，过着飘飘然的生活，也就无聊了"。(川岛《忆鲁迅先生一九二八年杭州之游》，《和鲁迅相处的日子》，人民文学出版社 1958 年版，第 58 页。下同)

在回上海的前一天下午，鲁迅约川岛同到抱经堂书店去买旧书，又看了几家新书店，晚上则同到清河坊翁隆盛茶庄去买龙井。"鲁迅先生说，杭州旧书店的书价比上海的高，茶叶则比上海的好。"

这是鲁迅唯一一次和抱经堂打交道，当年 7 月 16 日日记云："下午矛尘来，同至抱经堂买石印《还魂记》一部四本，王刻《红楼梦》一部廿四本，《百美新咏》一部四本，《八龙山人画谱》一本，共泉十四元二角。"其中的《八龙山人画谱》是木刻画谱，清代沈麟元绘，由杭州抱经堂书局刻。

对这次和抱经堂打交道的经历，鲁迅说："将《抱经堂书目》和上海两三书店之书目一较其中所开之价值，廉者不多，较贵者反而多，我辈以为杭州地较僻，书价亦应较廉，实是错了念头，而自己反成阿木林也。"抱经堂从 1921 年开始编印《抱经堂书目》，共出版 30 余册。"阿木林"是江浙方言，傻瓜的意思。川岛是绍兴上虞人，故鲁迅在信中可用家乡话与之交流。鲁迅这一评价与黄裳对抱经堂"安索高价"的印象很类似，证明抱经堂的书价确实偏高。鲁迅用"阿木林"也含蓄地表达了对抱经堂的不满。

尽管如此，鲁迅看罢《抱经堂书目》，也发现了自己需要的书籍，当年 8 月 2 日，他又给川岛写信，委托买书：

> 要奉托一件事：——
>
> 案查《抱经堂书目》，有此一书：
>
> "《金文述》十六本　十六元"
>
> 窃思在北京时，曾见有一种书，名《奇觚室吉金文述》，刘心源撰，二十卷（？），石印。而价甚贵，需二十余元。所以现要托兄便中去一看，如系此书，并不缺，且书尚干净，则请购定寄下为荷。

《金文述》即《奇觚室吉金文述》，是一部阐释我国古代祭祀用的金器铭文的著作。刘心源，字幼丹，湖北嘉鱼人，清末文字学家。

在购买这部书的过程中，鲁迅与川岛书信往返多个回合。在 8 月 15 日的信中，鲁迅写道：

> 《品花宝鉴》我不要。那一部《金文述》见《抱经堂书目》第三期第三十三页第十一行，全文如下——
>
> "《奇觚室吉金文述》三十卷　刘心源　石印本　十本十六元。"但如已经卖掉，也就罢了。

鲁迅 1928 年 8 月 15 日致川岛的这一亲笔信封 2016 年

现身西泠印社绍兴春拍，拍出 42 万元人民币的高价。信封
识文如下：

> 杭州西浣纱路三十号，章矛尘先生，迅，八、十五。

到了 8 月 19 日，鲁迅收到了这部书。鲁迅日记："上午
收杭州抱经堂所寄《奇觚室吉金文述》一部十本，泉十四元
二角，矛尘代买。"在同一天写给川岛的信中，鲁迅说："抱
经堂所寄的《吉金文述》也到了，不错的，就是这一部。我
上回略去了一个'吉'字，遂至往返了好几回。"

鲁迅此后还多次在与川岛的通信中评价抱经堂及其书，
比如：

> 抱经堂的书，《西厢记》非希见之书，《目莲记》既然
> 眼睛已方，则和我所有的非万历本，大约也相差无几，不要
> 它了。该堂将我住址写下，而至今不将书目寄来，可见嘴之
> 不实，因此不佞对之颇有恶感，不想和他交易了。

抱经堂书价高倒也罢了，嘴还不实，所以，鲁迅此时已
经无法掩饰对于抱经堂的恶感，"不想和他交易了"。一月
后的 12 月 28 日，鲁迅"复抱经堂信"，不知道是不是表达
了自己的不满。

到了 1929 年，抱经堂终于开始给鲁迅邮寄书目了，且每年一本，情况如下：

1929 年 6 月 6 日，"上午收抱经堂书目一本"。

1930 年 7 月 30 日，"收抱经堂书目一张"。

1931 年 10 月 29 日，"得抱经堂书目一本"。

1932 年 1 月 5 日，"得钦文所寄抱经堂书目一本，即复"。

对于这些书目，鲁迅是什么态度呢？"《抱经堂书目》已见过，并无非要不可的书。《金声玉振集》大约是讲'皇明'掌故的罢，现在很少见，但价值我却不知。"

鲁迅和川岛讨论的《金声玉振集》是一部丛书，明代嘉靖年间袁褧辑刊，分"皇览""征讨""纪乱""考文"等九门，收书四十七种。

总体而言，鲁迅在抱经堂购书的经历并不是十分愉快，对其书目的评价也并不高，至于书店信誉、做事方式风格等，鲁迅更是毫不掩饰其恶感。结合黄裳等人的评价，可知这绝非关于抱经堂及朱遂翔的偶然和孤立事件。在商言商，朱遂翔本质上是靠卖旧书发家的，即便冠上版本、目录学家的头衔，也难掩其商业气息。

下卷

无趾之书

鲁迅购买书籍时，有时喜欢用特殊的指代，比如，用"无趾之书"指代国外出版社供应会员的一些非卖品。

1911年1月2日，鲁迅致信许寿裳，先是抱怨"越中理事，难于杭州"，"上自士大夫，下至台隶，居心卑险，不可施救"，接着气得破口大骂："神赫斯怒，湮以洪水可也。"意思是老天爷发个火，让洪水把绍兴淹了吧。当然这是牢骚话了。

发完牢骚，鲁迅正色道："无趾之书，已译有法人某之《比较文章史》，又有 Mechinicoff 之《人性论》，余均未详。"

这里的"无趾之书"即指当时"大日本文明协会"出版的某些译著，是会员内部分配的非卖品。其中提到的《比较文章史》即法国洛里埃（F. Loliée）所著《比较文学史》，日译者为户川秋骨，大日本文明协会1910年2月出版。Mechinicoff 之《人性论》即俄国生物学家、细菌学家梅契尼可夫所著《人性论》，日译者为中濑古六郎。

鲁迅既然能看到"无趾之书"，说明他也是大日本文明协会的会员。

"无趾"，顾名思义，是没有脚，"无趾之书"意即不公开发售流通的书。

　　笔者认为，"无趾"这个词是鲁迅从庄子作品中借用的。

　　《庄子·德充符》中讲了一个"兀者"，叫叔山无趾。"兀"，突兀而不稳，兀者指被削去一只脚的人，这个人先是"踵行"，即用脚后跟走到孔子那里去求学，受到了讽刺和冷遇，他竟不卑不亢地说："夫天无不覆，地无不载，吾以夫子为天地，安知夫子之犹若是也！"上天不拒庇护四方，大地不拒承载万物，我仰慕先生如天地一般，未曾想你竟然如此肤浅狭隘！孔子很难堪，赶紧邀请无趾进屋，无趾拒绝后，又去向老子求学，并向老子告了孔子一状。老子说："胡不直使彼以死生为一条、以可不可为一贯者，解其桎梏，其可乎？"你应该直接让他明白生与死、能与不能都是一致的，不就令其解脱枷锁了吗？无趾则说："天刑之，安可解！"老天惩罚他，令其执迷不悟，如何能解脱！这简直是诅咒，表示绝不包容。

　　叔山无趾能不辞辛苦，先"踵见"孔子，后"踵见"老子，以求闻道修养，是"自强不息"的代表人物，所以凡求学者当效无趾。

　　鲁迅非常喜欢庄子，在《汉文学史纲要》中称赞《庄子》："其文汪洋辟阖，仪态万方，晚周诸子之作，莫能先也。"所以，笔者认为，鲁迅从《庄子》中借用了这个词，指代小范围发行的优秀书籍。

　　"无趾之书"是鲁迅与许寿裳之间通信的一个独特用词，

甚至像一个密码、暗语，用且仅用于二人之间。在1911年7月31日致许寿裳的信中，鲁迅又使用了这个词。这封信是鲁迅讲述去日本敦促周作人夫妇回国，"两月前乘间东行，居半月而返，不访一友，亦不一游览……比返后又半月，始得手示，自日本辗转而至。属购之书已不可致，惟杂志少许及无趾之书，则已持归，可一小箧，余数册未出，已函使直寄北京"。这说明鲁迅在日本的时候，为许寿裳代购了一些杂志和大日本文明协会出版的一些译著。

鲁迅用一个生僻的甚至是有典故的词指代出版社供应会员的非卖品，且不做任何解释，可见他们二人心事相通，对这个词的意义是非常熟悉的，一说就懂，这正是知音之间的交流。

另外，正是在这封信里，鲁迅向已在教育部谋得职位的许寿裳发出了求助："仆颇欲在它处得一地位，虽远无害，有机会时，尚希代为图之。"

这预示着鲁迅与许寿裳在教育部会师的大事提上了议事日程。半年后的1912年2月，许寿裳向教育部部长蔡元培推荐鲁迅获批，鲁迅即赴南京，当了一名教育部部员，开启了自己的14年公务员生涯。

业师之书

1932 年 8 月 12 日，鲁迅与周建人拜访蔡元培未遇，"归途过大马路，见文明书局方廉价出售旧书，进而一观，则见太炎先生手写影印之《文始》四本，黯淡垢污，在无聊之群书中，定价每本三角，为之慨然，得二本而出，兄不知有此书否，否则当以一部奉呈，亦一纪念也"。

文明书局由俞复、廉泉 1902 年创办于上海，初成立时以出版发行教科书为主。鲁迅买到的章太炎著《文始》共九卷，是研究汉语语源的重要著作，浙江图书馆 1913 年据著者手写本影印出版。

章太炎是清末民初民主革命家、思想家，中国近代著名朴学大师，流亡日本东京时，曾为鲁迅等讲授小学（文字、音韵、训诂等学问），是鲁迅的老师。

鲁迅见到老师的重要著作被文明书局混杂在无聊之书中廉价出售，且"黯淡垢污"，很是感慨，于是买了两部作为纪念，又问许寿裳是否需要，他可以赠送一部。许寿裳显然希望得到一部，于是，一周后的 8 月 17 日，鲁迅又致信许寿裳，称"《文始》当于明日同此信一并寄出，价止三角，殊足黯然，近郭沫若有手写《金文丛考》，由文求堂出版，计四本，价乃至八元也"。郭氏《金文丛考》高达8元，章师的《文始》却只卖3角，言谈之间，鲁迅很是为老师的著作不受重视鸣不平。

章太炎和鲁迅是浙江老乡，前者是余杭人，后者是绍兴人。章太炎（1869—1936）其实只比鲁迅大一轮，两人同一年去世。

章太炎因早年热心维新运动，成为一个学者兼革命家，1906年流亡日本不久便主持《民报》，鲁迅常去报馆听他讲学。这并非因为他是学者，"却为了他是有学问的革命家，所以直到现在，先生的音容笑貌，还在目前，而所讲的《说文解字》，却一句也不记得了"。

五四运动后，章太炎开始维护文言，攻击白话，是尊师还是重道？鲁迅选择了后者。1933年6月18日，鲁迅在致曹聚仁的信中，就表达了他的师道观，讲得非常透彻：

古之师道，实在也太尊，我对此颇有反感。我以为师如荒谬，不妨叛之，但师如非罪而遭冤，却不可乘机下石，以图快敌人之意而自救。太炎先生曾教我小学，后来因为我主张白话，不敢再去见他了，后来他主张投壶，心窃非之，但当国民党要没收他的几间破屋，我实不能向当局作媚笑。以后如相见，仍当执礼甚恭（而太炎先生对于弟子，向来也绝无傲态，和蔼若朋友然），自以为师弟之道，如此已可矣。

由此可见，鲁迅对太炎先生不同的事有不同的态度，是区别对待的。

对于章太炎主张恢复"投壶"古礼的事，鲁迅是反对的。

投壶是古代宴会时的一种娱乐，也是一种讲论才艺的古礼，宾主依次投矢壶中，负者饮酒。直系军阀孙传芳盘踞东南五省时，章太炎任孙组织的婚丧祭制会会长，曾主张恢复"投壶"古礼。但该年8月6日，孙传芳在南京举行投壶仪式时，曾请章太炎主持，章却未去。鲁迅认为太炎先生恢复"投壶"的古礼，属于"师道荒谬"的范畴，"心窃非之"，不妨叛之。

但对于1927年"四一二"反革命政变后，章在浙江余杭老家仓前镇的房子被国民党没收一事（据章太炎亲属回忆），鲁迅是为老师鸣不平的，"我实不能向当局作媚笑"。

1933年6月鲁迅和曹聚仁在通信中只是私人间交流对章太炎的看法，到了1934年8月，鲁迅就将这一看法公开化且尖锐化了。这年8月13日，鲁迅写了《趋时和复古》一文，对章太炎进行了批评：

清末，治朴学的不止太炎先生一个人，而他的声名，远在孙诒让之上者，其实是为了他提倡种族革命，趋时，而且还"造反"。后来"时"也"趋"了过来，他们就成为活的纯正的先贤。但是，晦气也夹屁股跟到，康有为永定为复辟的祖师，袁皇帝要严复劝进，孙传芳大帅也来请太炎先生投壶了。原是拉车前进的好身手，腿肚大，臂膊也粗，这回还是请他拉，拉还是拉，然而是拉车屁股向后，这里只好用古文，"呜呼哀哉，尚飨"了。

鲁迅认为章太炎原来是拉车前进的好身手，现在却是拉车屁股向后，实在不能苟同。这篇文章发表于 1934 年 8 月 15 日的《申报·自由谈》，不知道章太炎是否看到，又有何反应。

1936 年 6 月 14 日，章太炎病逝于苏州。国民党反动派把他打扮成"纯正先贤"，宣布要进行"国葬"，但是又掩盖了他作为革命家的身份。

当众多章门弟子为老师举办各种纪念活动时，鲁迅却不参与。在致许寿裳的信中，他坦诚心迹："旧日同学，多已崇贵，而我为流人，音问久绝，殊不欲因此溷诸公之意耳。"鲁迅始终保持着一种精神上的独立性，不愿意把自己归于学界所谓的"太炎学派"。

10 月 9 日，鲁迅抱病写下《关于太炎先生二三事》，中正平和地纪念自己的老师，发表对于太炎先生的评价。

鲁迅说："我以为先生的业绩，留在革命史上的，实在比在学术史上还要大。"他回忆自己在清季，"我爱看这《民报》，但并非为了先生的文笔古奥，索解为难，或说佛法，

谈'俱分进化'，是为了他和主张保皇的梁启超斗争，和
'××'的×××斗争，和'以《红楼梦》为成佛之要道'
的×××斗争，真是所向披靡，令人神往"。

在动乱的时局中，鲁迅这样热情地赞颂乃师的革命事迹：
"考其生平，以大勋章作扇坠，临总统府之门，大诟袁世凯
的包藏祸心者，并世无第二人；七被追捕，三入牢狱，而革
命之志，终不屈挠者，并世亦无第二人：这才是先哲的精神，
后生的楷范。"同时也发出希望："战斗的文章，乃是先生
一生中最大，最久的业绩，假使未备，我以为是应该一一辑录，
校印，使先生和后生相印，活在战斗者的心中的。"

10天后，鲁迅就去世了。

鲁迅对于他这位老师，自始至终执弟子礼。他对老师既
是佩服的，因为他是一位"有学问的革命家"，是后生的楷
范；又是反叛的，因为他维护文言、攻击白话，主张投壶古
礼。等到章太炎去世了，鲁迅又不同意当局把自己的老师打
扮成"纯正先贤"，于是作文纪念，体现了"师如非罪而遭冤，
却不可乘机下石，以图快敌人之意而自救"的主张。

鲁迅对待章太炎的态度，有理有节，襟怀坦白，真是谦
谦君子。他在文明书局见到老师著作被贱卖时"为之慨然"
的心情，正是谦谦君子之风的体现。同时，章太炎与鲁迅精
神气质上有一脉相承之处，这正是晚清到新文化运动之间思
想传承变化的一个重要参照。

偷书的顶头上司

民国元年（1912），鲁迅应南京临时政府教育总长蔡元培之邀，任教育部社会教育司第一科科长（即处长），后由袁世凯签署命令，任佥事。所谓佥事，就是承长官之命分掌总务厅及各司事务，职级在副司级、正处级之间，相当于今天享受副厅级待遇的正处级领导干部。

当时，教育部共有普通教育司（管中小学教育）、专门教育司（管大学及留学生）、社会教育司（负责整个社会文化工作）三大业务部门。社会教育司第一科负责文化、科学、美术等，管理范围大，实际公事却不多。

鲁迅1912年当处长，1926年8月和许广平同车离开北京。三个月后，教育总长任可澄签发了"周树人毋庸暂属佥事"的部令，鲁迅从此与北洋政府一刀两断。鲁迅的公务员生涯，历经南京临时政府和北洋政府两个时期，此间，教育总长走马灯似的换了至少38任。先后给鲁迅当过教育总长的顶头上司，按任职时间先后为：

蔡元培、范源濂、刘冠雄、陈振先、董鸿祎、汪大燮、严修、汤化龙、张一麐、张国淦、孙洪伊、范源濂、傅增湘、袁希涛、傅岳棻、范源濂、黄炎培、齐耀珊、周自齐、黄炎培、王宠惠、汤尔和、彭允彝、黄郛、范源濂、张国淦、黄郛、易培基、王九龄、章士钊、易培基、马君武、胡仁源、黄郛、王宠惠、任可澄等。

上述总长，很多上任不足一月即被换下，也有当日任命当日免去的（黄郛，1926 年 5 月 13 日复职，同日免），也有任命而未就的（王宠惠）。其中除了"学问道德亦不待赘言"的蔡元培，鲁迅与其他总长相处得都很尴尬，基本不认可他的顶头上司。比如，1915 年，汤化龙当教育总长时，为加紧复辟帝制的宣传造势活动，明确指示小说要"寓忠孝节义之意"，并个人召见鲁迅，但鲁迅仍坚持自己的立场，汤化龙只得免去鲁迅兼职的小说股主任以示颜色。范源濂先后 4 次任教育总长，演讲时"其词甚怪"，1916 年，就是在范源濂任上，鲁迅公然反对范总长"祭孔读经"（采用公开信方式），总长恼羞成怒。1925 年章士钊任教育总长，鲁迅支持北京女师大，与章公开斗争，与章士钊打官司，居然赢了，执政府发布"撤销对鲁迅免职处分"的训令，鲁迅完胜。

当然，客观地讲，民国年间的教育总长大多有着深厚的学识功底和丰富的教育经历，但其时中国政局内外交困，经济困顿，使得教育总长们在近代历史舞台上走马灯式地更迭，许多总长往往抱负还未施展已经人走政息，上演了一出又一出的闹剧，使近代中国教育陷入低谷，留下了极为沉痛的历史教训。

　　鲁迅在教育部久任不迁，1922年，就连曾经巴结过鲁迅，"似有贺年之意"的老朋友汤尔和竟然都当上了教育总长，成了他的顶头上司。这时，鲁迅还在原地踏步。鲁迅仕途不顺，原因是多方面的。比如，不接受总长的领导。比如，次长（副部长）交给的公事叫他批准，他就是不批。又如，袁世凯称帝前夕，拒不执行尽快编译宣扬封建道德的小说的指示。再如，在官场不思进取，不修边幅，绰号"猫头鹰"，不愿陪会，司长请他喝酒都不愿多陪，等等。14年间，鲁迅仅由五等金事升为三等，另外获得过袁世凯颁发的五等勋章和徐世昌颁发的四等勋章，工资有所上涨，如此而已。

　　在上述众多的教育总长里，鲁迅与傅增湘的相处非常有戏剧色彩。

　　傅增湘（1872—1949），字沅叔，四川江安县人。光绪二十四年（1898）进士，选入翰林院为庶吉士。1917年12月至五四运动前任教育总长，共计一年半时间，期间总统一易，总理三易。

　　傅增湘别署双鉴楼主人、藏园居士等，是现当代著名藏书家。在林语堂的名著《京华烟云》第十三章，傅增湘是这样出场的："傅先生，名叫增湘，消瘦，留着小胡子，可真是个想象高强才华出众的学者！他的两个癖好是游历名山大川，搜集并编辑古书。后来，他在大学讲版本学——他是公认的版本学的权威——他坚持要躺在沙发上讲，学生们看着这位瘦高的老头，都怀有无限的敬意。"傅增湘经常流连于北京的琉璃厂、隆福寺书肆，又常到浙江、安徽等地访书。每得知某地有善本，必求一得，倘若资力不及，也必求一见，把书借来，进行校勘。其所得薪金，除生活费用之外，全部用以购书。有时绌于资金，往往借债收书，或卖旧换新。傅氏一生藏宋金刻本一百五十种，四千六百余卷；元刻本善本数十种，三千七百余卷；明清精刻本、抄本、校本更多，总数达二十万卷以上。

傅增湘是晚清以来继陆心源皕宋楼、丁丙八千卷楼、杨氏海源阁、瞿氏铁琴铜剑楼之后的又一大家，无论是在藏书、校书方面，还是目录学、版本学方面，确实堪称一代宗主。伦明评论傅增湘说："江安傅沅叔先生增湘，尝得宋元通鉴二部，因自题双鉴楼。比年，南游江浙，东泛日本，海内外公私图书馆，靡不涉目。海内外之言目录者，靡不以先生为宗。"（伦明等撰《辛亥以来藏书纪事诗（外二种）》，上海古籍出版社2008年版，第54—55页））当代著名目录学家余嘉锡先生在《藏园群书题记继集·序》中说，傅增湘"聚书数万卷，多宋元秘本及名钞、精椠，闻人有异说，必从之假读，求之未得，得之未读，皇皇然如饥渴之于饮食。暇时辄取新旧刻本，躬身校雠，丹黄不去手，矻矻穷日夜不休。所校都一万数千余卷"。傅氏自己也曾说过："独于古籍之缘，校雠之业，深嗜笃好，似挟有生以俱来，如寒之索衣，饥之思食，如无一日之可离。灯右雠书，研朱细读，每日率竟千行，细楷动逾数万，连宵彻旦，习以为常，严寒则十指如锥，煇暑则双睛为瞽，强自支厉，不敢告疲。"以上文字，确证他校书之勤。傅氏一生校书一千多部，一万六千多卷，堪称民国以来校勘古书最多的人。

也有论者如黄裳认为，傅氏校书时用的是死校法，"即不论正误，一概据以校出。只能看出刊刻系统、源流，而不能以本证、他证进一步辨其是非优劣。这样校书是很难思考原书文字意蕴，只能陷入机械的比勘。"（黄裳《"藏园"佚事》，《来燕榭文存二编》，三联书店 2011 年版）黄公此说有一定道理，但也是一家之言。

傅增湘身上具有传统读书人应当具备的某种正义感，特别是通晓民族大义。他曾帮助非亲非故的画家徐悲鸿公费留法。1919 年五四运动，傅氏身为教育总长，不堪忍受北洋政府追究蔡元培责任，逮捕陈独秀、张国焘等人行为，毅然辞职。晚年，耗尽其毕生心血所藏图书，大都捐献给了国家，比如 1.6 万余卷古籍捐赠北京图书馆，3.4 万余册古籍捐赠故乡四川，现藏于重庆图书馆和四川大学。胡适曾两度拜访傅增湘于病榻前，转致国民党政府之意，愿以专机护送其全家及全部藏书赴台湾，并保证其一生生活无虞，但傅增湘不为所动。所以，总体而言，傅增湘的一生，凛然独立，不失大义。

但是，傅增湘的藏书经历，被鲁迅看在眼里，记于笔下的，却透露出某种自私、贪婪的东西，这也许是任何一位藏书家都要面对的人性弱点。笔者囊集这些细节，并无刻意放大傅氏弱点之意图，更无讨伐之目的，仅作为新文学史上公案式的谈资，聊作一述而已。

其一是卖书事件。

余嘉锡曾谈到傅增湘的藏书："藏园先生之于书，如贪夫之陇百货，奇珍异宝，竹头木屑，细大不捐，手权轻重，目辨真赝，人不能为毫发欺，盖其见之者博，故察之也详。"意思是说，傅增湘藏书近似贪婪，而且熟悉各种版本，一看就能明了。正因为傅增湘见识多，对藏书也颇挑剔苛刻，鲁迅就碰过他的钉子。

鲁迅这样写："……至于《立斋闲录》，好像是一部少见的书……这书我一直保存着，直到十多年前，因肚子饿得慌了，才和别的两本明抄和一部明刻《宫闺秘典》去卖给藏书家和学者出名的傅某，他使我跑了三四趟之后，才说一总给我八块钱，我赌气不卖，抱回来了，又藏在北平的寓里，但久已没有人照管，不知道现在究竟怎样了。"

文中的傅某就是傅增湘，鲁迅当时的顶头上司，北洋政府的教育总长。跑了三四趟是当时卖书给大藏家要送书上门。当时，鲁迅月俸约300元，总长1000元。毛泽东为北大图书馆打工，月薪8元，馆长李大钊120元，陈独秀300元。

一部明抄本《立斋闲录》，一部明刻《宫闱秘典》，再加上别的两本明抄，合到一起，跑了三四趟，傅增湘才说一总8块钱，这确实有点欺负人。傅氏当年如非倚官卖官，则必是自恃行家了。鲁迅是被生活所迫了为了填饱肚子才出售这部书的，孰料碰了钉子。鲁迅记仇，这一幕显然令他不快，以后凡事涉傅氏的地方，都极尽讽刺挖苦。事虽未成，却为这部书留了一条后路——后来，鲁迅所藏明抄本《立斋闲录》辗转藏入北京大学图书馆，书里有"周树人印"。据《鲁迅全集》第六卷注释，《立斋闲录》"是依据明人的碑志和说部杂录的笔记"，鲁迅说他因为读了此书而认识到"明代永乐皇帝的凶残"。

同时，我们从此事可知，下属和上司之间可以做买卖，这是民国风度之一种。至于这桩买卖是否公平是另一码事。置于今日，这是不可想象之事。

其二是窃书事件。

也就是鲁迅认定傅增湘及其副手、身边工作人员有窃取大内档案的嫌疑。

1917 年前后，鲁迅参与整理清政府遗留内档时，傅增湘曾参与了"指导"。10 年后，鲁迅写了《谈所谓"大内档案"》一文，发表于 1928 年 1 月 28 日《语丝》周刊第四卷第七期，以没有点名却胜似点名的方式，将北洋政府时期教育总长、次长、参事对清代遗档监守自盗的行为进行了曝光，这无论在当时还是现在，读来都如重磅炸弹。文章写得非常生动：

　　这回是 F 先生来做教育总长了，他是藏书和"考古"的名人。我想，他一定听到了什么谣言，以为麻袋里定有好的宋版书——"海内孤本"。这一类谣言是常有的，我早先还听得人说，其中且有什么妃的绣鞋和什么王的头骨哩。有一天，他就发一个命令，教我和 G 主事试看麻袋。即日搬了二十个到西花厅，我们俩在尘埃中看宝贝，大抵是贺表，黄绫封，要说好是也可以说好的，但太多了，倒觉得不希奇。还有奏章，小刑名案子居多，文字是半满半汉，只有几个是也特别的，但满眼都是了，也觉得讨厌……我们后来又看了两天，麻袋的数目，记不清楚了，但奇怪，这时以考察欧美教育驰誉的 Y 次长，以讲大话出名的 C 参事，忽然都变为考古家了。他们和 F 总长，都"念兹在兹"，在尘埃中间和破纸旁边离不开。凡有我们检起在桌上的，他们总要拿进去，说是去看看。等到送还的时候，往往比原先要少一点，上帝在上，那倒是真的……大约是几叶宋版书作怪罢，F 总长要大举整理了，另派了部员几十人，我倒幸而不在内……那么，这些不要的东西，应该可以销毁了罢，免得失火。不。F 总长是深通"高等做官学"的，他知道万不可烧，一烧必至于变成宝贝，正如人们一死，讣文上即都是第一等好人一般。况且他的主义本来并不在避火，所以他便不管了，接着，他也就"下野"了。

文中所提到的英文代码人名，是姓氏的旧式拼音缩写。F先生就是指傅增湘，他在1917年12月至1919年5月任北洋政府教育总长。Y次长指袁希涛，字观澜，江苏宝山人。曾任江苏省教育会会长，1915年到1919年间先后两次任北洋政府教育部次长等职。C参事指蒋维乔，字竹庄，江苏武进人，1912年至1917年间先后三次任北洋政府教育部参事。

鲁迅笔下这起匕首投枪式的"群体盗书案"，有着浓烈的文学色彩和主观意愿，不能当史料对待，但也基本讲清了盗书的方法和逻辑——以傅氏为首，集团作案，整个部门全部参与。

其三是傅增湘自导双簧还书事件。

事件还是与"大内档案"中的宋版书有关，属于上述清代遗档监守自盗行为的补充。这个事件，鲁迅自己没有写下来，却给周作人绘声绘色地讲过。1957年9月，周作人为稻梁谋，以"十堂"的笔名，在《新民报晚刊》发表了一篇《窃书的故事》，记下了这则从鲁迅那里听来的故事，主角虽然没有点名，只称之为"做过总长的名流、大大有名的藏书家"，几乎相当于点了傅增湘的名。黄裳曾在《"藏园"佚事》一文中转述过这个故事。故事的起因是该名流听说京师图书馆藏有一部宋版书，"又例不外借，只能由馆方特辟净室一间，请这位名流来住，可以从容细心校阅。鲁迅以科长身份，捧出宋板亲手交付。几天后名流说要回去几天后再来校书，请人前去接收宋本。自然仍由鲁迅出马办理"。

接下来就发生了周作人记述的精彩场面。

值得一提的是，周作人从南京老虎桥监狱出来后，靠写兄长的文章和翻译作品维持生计，先后出版了《鲁迅的故家》（1953年）、《鲁迅小说里的人物》（1954年）和《鲁迅的青年时代》（1957年），组成了晚年周作人的"回忆鲁迅三部曲"。在《鲁迅的故家》中，周作人张口鲁迅闭口鲁迅，好像完全跟他不相干似的。比如提到他们共同的父亲，他也只说"鲁迅的父亲"而决不说"我们的父亲"。当时，回忆鲁迅的文章很多，周作人把自己混同于一般的回忆者，同时，他也不能也不想攀附鲁迅，于是完全作为"旁观者"进行叙述，这是高明之举。在1957年的回忆中，他把终生没有讲和的兄长称之为"科长"，文风较1949年初活泼了许多，似语带讥诮：

　　这天仍由科长出马，看见他已整装待发，只等科长一到，将书交还，便挑起网篮铺盖，出馆而去。科长双手接过内装宋板书的楠木盒子，将转手交付工友，这时忽然"福至心灵"，当面打开盒子来一看，不看时万事全休，只见楠木盒子里"空空如也"，不见有一本书。第一个看出破绽的是那位名流，随即回过头去，骂站在后面的用人，"混账东西，怎么书都没有放好！"用人连忙从网篮里将宋板书取出，放入楠木盒子里。科长这才接过去，安心收下。

这番惊险经历，让作为听众的周作人也禁不住倒抽一口凉气。他接着说：

后来鲁迅讲起这件故事，总说回想过去所遇的危险，以这次最险，也最运气，因为只要一不小心，收下之后，这失书的责任再也摆脱不清了。因此之故，他也最恨那名流。不但认为藏书家即是偷书家，在这里得一实证，也因为个人几乎上他的大当的缘故。

最终，鲁迅为傅增湘下了个结论说："藏书家眼见好书，用尽心思图谋，也是人情，但总不可以违反道德，做出见不得人的事。"

这桩傅增湘自导自演的双簧还书场景，像一幕谍战剧，未见硝烟而硝烟足具。鲁迅一时"福至心灵"，当场识破了这出双簧戏。也许是当年傅氏欲以八元钱买他数册古籍的阴影还在心头，鲁迅丝毫没有给傅增湘留面子，逼迫傅氏不得不还上宋版书。

笔者认为，傅增湘被鲁迅认定有偷书劣迹，他将此事作为段子讲给周作人听，却并没有原模原样记录下来，正反映了他认为"藏书家眼见好书，用尽心思图谋，也是人情"的主张。周作人为稻粱谋，将这个段子形诸文字记录下来，也是弟兄两人对傅增湘"违反道德，做出见不得人的事"的追罚，值得今人咀嚼和玩味。

书店会客

鲁迅定居上海后，第一次到内山书店是 1927 年 10 月 5 日，此后，"弟每日必往内山书店"，至 1936 年 10 月 19 日去世，累计去过内山书店 500 多次，买书 1000 多册。

内山完造回忆："日子一天天过去，先生和我们的关系也越来越好，不知道什么时候起，在我们心里已经不把他当客人了。碰上有的客人错把先生当成店里的老板时，先生都会开心得哈哈大笑。这时候先生总会用日语告诉我道：'老板（从这时起，他就开始这么称呼我了），刚刚这人把我当成你了哟。'我每次都是笑笑，感觉很有趣。不过有时候要是碰上一些认得先生长相的学生来店里，发现先生在的话，就会躲在角落里小声地边说着'鲁迅、鲁迅'，边时不时地看向先生在的位置。这时候先生就会无奈地叹一声：'哎，又有人开始讨论我了，算了，回家吧。'说着抓起手边的帽子戴上，出门走了。"

内山书店不仅是鲁迅买书和售书的地方，也是鲁迅的对外联络处，更是晚年鲁迅会客的首选之地。

许广平回忆，"因为居住的近便，鲁迅每每散步似的就走到魏盛里了。内山书店特辟一片地方，设了茶座，为留客人偶叙之所，这设备为一般书店所没有，是很便于联络感情，交接朋友的。以后鲁迅乐于利用这一设备，几乎时常地去，从此每去必座谈"。

读鲁迅书信，常能看到他约客人在书店会面的内容。

1933年5月11日，鲁迅写信约姚克见面："十五日以后可有闲空。只要请先生指定一个日期及时间（下午），我当案时在内山书店相候。"

9月29日，鲁迅写信约罗清桢见面："我是常到内山书店去的，不过时候没有一定，先生那时如果先给我一信，说明时间，那就可以相见了。"

11月13日致陶亢德："我在寓里不见客，此非他，因既见一客，后来势必至于非广见众客不可，将没有工夫偷懒也。此一节，乞谅察为幸。"

1934年1月1日，鲁迅写信约梁以俅见面："如先生尚留沪，希于四日午后两点钟仍至原处书店，我当自二点至三点止，在那里相候。"

梁以俅是广东南海人，美术工作者，当时因事自北平去上海时，由姚克介绍往访鲁迅。此前，二人相约在书店会面，但因鲁迅临时有事，迟去了一点，梁以俅已走，为此鲁迅感到很抱歉，写信当天还专门往梁以俅的一位姓蔡的亲戚家拜访梁，但"和管门人说不清楚，只得废然而返"，因此相约1月4日午后两点仍在内山书店会面。

5月24日，鲁迅写信约杨霁云见面："倘蒙赐教，乞于下星期一（二十八）午后二点钟惠临书店，当在其地相候，得以面晤，可稍详于笔谈也。"

6月7日，鲁迅写信约徐懋庸见面："本星期六（九日）午后两点钟，希驾临北四川路底（第一点［路］电车终点）内山书店，当在其地相候。"

11月27日，鲁迅写信约萧军、萧红见面："本月三十日（星期五）午后两点钟，你们两位可以到书店来一趟吗？小说（指《八月的乡村》）如已抄好，也就带来，我当在那里等候。"并指示书店如何走："那书店，坐第一路电车可到。就是坐到终点（靶子场）下车，往回走，三四十步就到了。"

此前的11月2日，萧红、萧军到了上海，在拉都路（现襄阳南路）北段租到一个亭子间，安顿下来即给鲁迅写信要求见面。先生当天回信，表示"见面的事，我以为可以从缓，因为布置约会的种种事，颇为麻烦，待到有必要时再说罢"。其实是委婉拒绝见面。由于当时上海白色恐怖很严重，鲁迅与外界的联系是很保密的，住址更是在保密之列，这一点，初到上海滩的二萧未必明白。11月13日，他们又给鲁迅写信，提出了借钱和帮找工作的要求，因鲁迅已病了十几天，所以17日才给二萧复信，表示钱已准备，不成问题，但"工作难找，因为我没有和别人交际"。到了20日，鲁迅决定与二萧见一面，因为"许多事情，一言难尽，我想我们还是月底谈一谈好，那时我的病该可以好了，说话总能比写信讲得清楚些"。同时，鲁迅还通知二萧警惕霞飞路的俄国男女，几乎全是白俄，不要和他们说俄语，"否则他们会疑心你是留学生，招出麻烦来。他们之中，以告密为生的人们很不少"。到了11月30日，萧军、萧红如约来到内山书店，和鲁迅见了第一面。

1934年11月，文学爱好者金性尧写信求见鲁迅，托内山书店转交，11月19日，鲁迅这样回复："但面谈一节，在时间和环境上，颇不容易，因为敝寓不能招待来客，而在书店约人会晤，则虽不过平常晤谈，也会引人疑是有什么重要事件的，因此我只好竭力少见人，尚希谅察为幸。"

金性尧，笔名文载道，浙江定海人，当时在上海中华煤球公司当文书。据金文男《我的父亲金性尧》（《档案春秋》2008年第3期）一文介绍，金性尧当时还是一个18岁的文学青年，崇拜鲁迅，极想一睹鲁迅的风采，因此写了这样一封求见信。鲁迅回信后，金性尧写了一篇千余字的"速写"文章寄给鲁迅，请他修改。鲁迅当天即回信说："稿子并无什么不通或强硬之处，只是孩子对理发匠说的话似乎太近文言，不像孩子，最好改一改，另外有几个错字，也无关紧要，现在都改正了。"谁知当年的金性尧年少气盛，马上又写了一封信给鲁迅，言辞之间显然不够尊重，有一些"使我很失望"之类的话，鲁迅12月11日复信："先生所责的各点，都不错的。不过从我这方面说，却不能不希望被原谅。因为我本来不善于给人改文章，而且我也有我的事情，桌上积着的未看的稿子，未复的信还多得很。对于先生，我自以为总算尽了我可能的微力。先生只要想一想，我一天要复许多信，虽是寥寥几句，积起来，所花的时间和力气，也就可观了。我现在确切的知道了对于先生的函件往还，是彼此都无益处的，所以此后也不想再说什么了。"并将金性尧的"来稿奉还"。这封信，是面对一个文学青年不礼貌的抱怨所作的回复，但非常心平气和，无一句嗔语，修养之好令人吃惊。此后鲁迅和金性尧虽然中断了联系，但鲁迅逝世后，金性尧夫妇也参加了鲁迅葬礼，并于1938年4月到5月间在淮海路许广平家中帮助她校勘过《鲁迅全集》。

从鲁迅写给金性尧的信可知，鲁迅很少在家里招待不明底细的人，也尽量减少在内山书店会客，以防平常晤谈被人怀疑有什么重要事件。

参考文献：

北京鲁迅博物馆编著《俯首横眉——鲁迅先生写真集》，海燕出版社2018年版。

内山完造《我的朋友鲁迅》，北京联合出版公司2012年版。

鲁迅卖书考

鲁迅爱藏书，偶尔也卖书。

第一种情况是卖书救穷。

鲁迅很有经营头脑，小时候就知道将自己画的《荡寇志》和《西游记》的绣像卖给有钱的同学。在《从百草园到三味书屋》一文中，鲁迅回忆道：

我是画画儿，用一种叫作"荆川纸"的，蒙在小说的绣像上一个个描下来，象习字时候的影写一样。读的书多起来，画的画也多起来；书没有读成，画的成绩却不少了，最成片断的是《荡寇志》和《西游记》的绣像，都有一大本。后来，因为要钱用，卖给一个有钱的同窗了。他的父亲是开锡箔店的；听说现在自己已经做了店主，而且快要升到绅士的地位了。

1913年7月13日，鲁迅在绍兴奎元堂以24元的价钱买到过一部明代毛晋汲古阁所刻《六十种曲》一部八十册。当天日记载："下午往绍兴教育会，同二弟至奎元堂看旧书，买得《六十种曲》一部八十册，王祯《农书》一部十册，共银二十六元。"八年后的 1921 年 4 月 7 日，鲁迅经济困难，就把这套书以 40 元的价钱卖掉了，当天日记云："上午卖去所藏《六十种曲》一部，得泉四十，午后往新华银行取之。"

这一买一卖之间，可以看出当时北京与外地书价的差异。琉璃厂是古籍集中的地方，书价一般比外地高。利之所趋，琉璃厂书商都到外地收集古籍以谋利，近的到山东、山西、河北、河南，远的到云、贵、川、广。资料载，文介堂张德修在山西购到《金瓶梅词话》，回到北京，以 800 元卖给北京图书馆，可算是一本万利了。鲁迅将《六十种曲》从绍兴带到北京，虽然没有文介堂这么高的利润，但收藏 8 年赚了16 元，足见鲁迅生存和变通的能力很强，可圈可点。

鲁迅卖书救穷，也有因价格不如意没有成交的情况。

在《病后杂谈之余》中，鲁迅记述，他保存着祖上所传的一部不全的明抄本《立斋闲录》，比较珍贵，"因为肚子饿得慌了"，他就打算将此书和别的两本明抄及一部明刻《宫闱秘典》一道卖给"以藏书家和学者出名的傅某"。

傅某就是傅增湘，他不但让鲁迅跑了三四趟，杀价还很重，只出了八块钱，这桩买卖就没有谈成。（详见本书《偷书的顶头上司》一节）

"跑了三四趟"这个细节，有必要展开说说。黄裳先生在一篇文章里提及：

当年琉璃厂书铺的伙计就是每天用蓝布包袱包了一叠"头本"跑宅门送书的。住在宅门里的"藏书家"大抵都是老爷，总要到近午才会起床，小伙计们就在门房里排排坐，等候老爷的传唤。选书，论价……起码要跑好几趟才能做成一笔生意。还要看老爷的脸色。（黄裳《傅增湘》，《珠还记幸》，三联书店 1985 年版，第 38 页）

一方面，卖书的人三五次上门请藏书家挑书，是当时的一种风气。另一方面，傅增湘本身就是北洋政府的教育总长，鲁迅的上司，鲁迅其时名不见经传，并不是后来的"文学家、思想家、革命家"，因此，跑三四趟到傅门并不奇怪，生意没做成也不奇怪。但是可能由于这次卖书没有成功的原因，加之鲁迅与傅增湘打交道的过程中，亲见其行为种种，所以，鲁迅在此后的言谈与文章中，隐晦地揭露过傅增湘偷书的劣迹，一次是给其弟周作人口述的故事，一次是撰写的《谈所谓"大内档案"》。

鲁迅给周作人讲的故事，周作人写了《窃书的故事》一文，发表于 1957 年 9 月《新民报晚刊》。（本书《偷书的顶头上司》一文已作引述）

正因为这次差点背锅的经历，鲁迅最恨那名流。

第二种情况是汰冗剔旧。

鲁迅日记 1916 年 1 月 15 日，"下午往留黎厂以山东金石保存所藏石拓本之陋者付敦古谊，托卖去"。

敦古谊是琉璃厂的一家碑帖店，常上门给鲁迅送造象拓本。鲁迅1915年8月3日购买了该店的《寰宇贞石图》散叶一份57枚，6元；11月20日又购买了《爨宝子碑》等拓片三种，3元。建立这一联系后，1916年1月，鲁迅就将山东金石保存所所藏"拓本之陋者"，托付给敦古谊，令出售。鲁迅得到的这批山东金石保存所藏汉画像拓本，是几天前即1916年1月12日教育部同事汪书堂为其代购的，计有汉画像十枚、嘉祥画像十枚、汉画像残石二枚。"拓本之陋者"，也就是陋拓本，即拓得不好或没有什么价值的拓本。从性质上看，这属于剔旧。是否卖出，得银几何，此后的日记中没有记载。从此举可知，鲁迅对拓本的品质要求很高。1934年3月6日，鲁迅在给姚克的信中说："汉画像模糊的居多，倘是初拓，可比较的清晰，但不易得。我在北平时，曾陆续搜得一大箱，曾拟摘取其关于生活状况者，印以传世，而为时间与财力所限，至今未能，他日倘有机会，还想做一做。汉画像中，有所谓《朱鲔石室画像》者，我看实是晋石，上绘宴会之状，非常生动，与一般汉石不同，但极难得，我有一点而不全，先生倘能遇到，万不可放过也。"同年6月9日，鲁迅在给台静农的信中说："五六年前，所收不可谓少，而颇有拓工不佳者，如《武梁祠画像》，《孝堂山画像》，《朱鲔石室画像》等，虽具有，而不中用；后来出土之拓片，则皆无之，上海又是商场，不可得。兄不知能代我补收否？即一面收新拓，一面则觅旧拓（如上述之三种），虽重出不妨，可选其较精者付印也。"从信中可知，鲁迅对其手中的《武梁祠画像》《孝堂山画像》《朱鲔石室画像》三种拓片的拓工是不满意的，虽有而不中用，所以委托台静农代他补收。鲁迅认为《朱鲔石室画像》是非常难得的晋石，"我有一点而不全"，可见这一拓片虽陋，但一直保存着。至于《武梁祠画像》《孝堂山画像》是不是就是鲁迅给敦古谊处理的陋拓片，从信中无法判断。

到了1918年10月21日，鲁迅与敦古谊又发生了一次交易，有买有卖。日记载："午后往留黎厂敦古谊帖店买定造象二种八枚，券五元；卖与禹陵窆石拓本一枚，作券二元。添付券三元讫。"卖出《禹陵窆石》，又添了3元买了造象。等价交换，多退少补，与一般商品交换并无二致，读来颇有情趣。

另外，1924年5月31日，鲁迅"以粗本《雅雨堂丛书》卖与高阆仙，得泉四元"，也属汰冗剔旧式售书。

第三种情况是处理劣书。

1918年7月31日，鲁迅"往日邮局以券二十三枚引换《殷虚卜辞》一册，阅之，甚劣"。这部被鲁迅评为"甚劣"的《殷虚卜辞》，是加拿大人明义士编印的，1917年3月上海石印。鲁迅对此书评价甚低，又嫌其价贵。故于9月21日，"托刘半农卖去《殷虚卜辞》，得日金券廿元"。鲁迅对甲骨文的鉴识有相当功力，这类价格颇昂又低劣的书籍被处理，当无意外。而罗振玉编印的书，鲁迅虽嫌其价昂，依然一本一本地购读。

第四种情况是出售己作。

上海期间，鲁迅也卖书，但大多是售出自己的作品集，不管是原价卖还是打折卖，都属于经营性行为，和农夫卖出田里的粮食没有什么区别，故仅列举几例日记中记录的情形：

1932年4月27日，"午后付光华书局《铁流》一八四本，《毁灭》一〇二本，五折计值，共二三〇元八角，先收支票百元"。

1934年8月19日，"午后诗荃来，并卖去再版《北平笺谱》二部"。

1935年8月8日，"以北平笺纸三十合分与内山君，作价十二元"。

第五种情况是快速易手。

据鲁迅日记，1935年1月10日，"夜蕴如及三弟来并为买得《饮膳正要》一部三本，价一元"。鲁迅此前较早的日记中，就有预订《饮膳正要》的记载。该书是元代饮膳太医忽思慧所撰，列入《四部丛刊》续编，是我国古代饮食卫生和食补食疗方面集大成的专著。但是这本书在鲁迅家仅仅放了一夜，第二天就被鲁迅原价卖给了日本医生须藤五百三，1935年1月11日鲁迅日记："上午同广平携海婴往须藤医院诊，并以《饮膳正要》卖与须藤先生，得泉一元。"

鲁迅与须藤来往甚密。鲁迅似乎认为，《饮膳正要》这样的书，更适合放在医生的书架上，于是迅速出手了。

第六种情况是"易取""作值"交换。

鲁迅收藏拓本之初，有时"易取"。比如1917年4月29日，"午后往留黎厂德古斋，得《熹平元年黄肠石题字》一枚、《皇女残石》一枚、《高建墓志》、《建妻王氏墓志》、《高百年墓志》、《百年妻斛律氏墓志》各一枚，价六元五角，以大吉刻石、窆石残字等易取之"。

1919年4月10日，"至留黎厂，以王树楠专拓片易得《崔宣华墓志》，作券三元"。

1920年1月5日，"午后昙……又往留黎厂，因疑'郝厥'专是伪作，议易'赵向妻郭'专"。

这块墓志砖文字是"大原平陶郝厥"，是鲁迅1919年12月31日在琉璃厂所得，据云出自定州。当时，鲁迅一共买了四块墓志砖，一曰"大原平陶郝厥"，一曰"苌安雍州刘武妻"，一曰"李巨妻"，一曰"□阿奴"，共20元，鲁迅怀疑"大原平陶郝厥"是伪作，因此，和古董肆商量换砖。1月6日，"晚骨董肆人来易专去，今一块文曰'京上村赵向妻郭'"。

除了"易取"，还有将"重出"者"作值"的情况。

最初，鲁迅是将重出者赠给朋友，如 1917 年 4 月 14 日，"夜马孝先来。赠以重出之墓志拓本五枚"。后来鲁迅习惯以重出拓本作值，购买其他拓片，事实上是先卖再买，根本目的还是为了节约钱。

比如：1917 年 10 月 20 日，"下午往留黎厂买《荀岳墓志》一枚，《五百余人造象记》并阴二枚，寇凭、臻、演墓志各一枚，共泉十五元，内五元以重出拓本付与抵当讫，见付十元"。

11 月 25 日，"午前同二弟往留黎厂买张阿素、耿氏墓志各一枚，三元。又《魏宣武嫔司马氏墓志》一枚，以重出拓本五种十四枚易得，作直四元"。

1918 年 4 月 14 日，"午后往留黎厂，以重出拓片就德古斋易他本，作券廿，先取残画象一枚，作券四元。又买北齐翟煞鬼墓记石一方，券廿，云是福山王氏旧物，后归浭阳端氏，今复散出也"。

4 月 21 日，"午后往留黎厂德古斋，得画象砖拓片五枚，言是大吉山房所臧，又孙世明等造象五枚，共券四元，仍以重出拓本直推算，又取《姚保显造石塔记》一枚，无直"。

4 月 28 日，"午前往留黎厂买专拓九枚，二元，重本直易讫"。

5 月 3 日，"午后往留黎厂，得玉函山隋唐造象大小卅五枚，《郗景哲等残造象》一枚，作直四元，以重出拓本易之"。

6 月 10 日，"午后往留黎厂买《里社残碑》并阴二枚，似晋刻，又《元思和墓志》一枚，共券十二元，其内六元以售去之重出拓本抵消讫"。

1920 年 1 月 16 日，"以重出之《吕超志》拓本在留黎厂易得晋郑舒夫人及隋尉娘墓志各一枚，作券四元"。

有趣的是，自此以后，鲁迅再没有将重出拓本和书籍"作直"，而是赠送，可能与自重身份有关，共有三次记录：

1920 年 11 月 20 日，"晚马幼渔来，赠以重出之《会稽掇英集》一部"。

1930 年 10 月 28 日，"下午以重出之 *Mein Stundenbuch* 一本赠镰田政一君"。*Mein Stundenbuch* 即木刻集《我的祷告》。

1932 年 5 月 7 日，"下午以重出之 Vogeler 绘《新俄纪行》一本赠政一君，又《Masereel 木刻画选》一本寄赠内山嘉吉君"。

鲁迅修书订书考

鲁迅钟情旧书，"以自怡悦"是他买旧书的初衷，其实就是为了愉悦自己，藏书既丰，才开始抄古碑、做学问、写文章。

鲁迅所藏线装古籍中，经史子集的常见书基本完备，其中尤以杂史、杂家、艺术、小说、总集为多。

鲁迅藏书时能勤于修书、订书，这既是一种态度，也是一种乐趣。在北京鲁迅博物馆里，即陈列着鲁迅使用过的钢针、砂纸等简单的修书工具。

古籍修复在中国早有传统，大致分为南北两派，北派代表为北京图书馆（现在的国家图书馆）古籍修复大师张士达，他是北京琉璃厂的书商，曾为包括鲁迅在内的郭沫若、冯友兰、郑振铎、李一氓等先生修过书。南派代表则是海派画家黄怀觉，他是吴湖帆的专职修书人。

北京时期，鲁迅日记中记录修书、订书之事甚多。

第一种情况是自订书。

到北京第一年，鲁迅即开始修订旧书。1912年10月13日，星期休息"终日订书，计成《史略》二册，《经典释文》六册"。10月14日，"晚丁《经典释文》四册，全部成"。

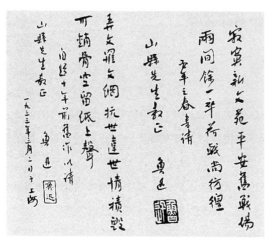

因内山嘉吉收藏而得以保存的两首鲁迅诗歌手迹

1915 年 5 月 29 日,"重订小本《陶渊明集》四本"。

1916 年 3 月 30 日,"晚修订《咫进斋丛书》一部讫,凡廿四册,费工三日"。花费三天时间修订了一部二十四册的书,专心又勤奋。

1921 年 10 月 9 日,"星期休息。自订书两本"。11 月 28 日,"星期休息。订旧书"。

1922 年 9 月 16 日,"夜订书"。17 日,"星期休息。仍订旧书"。23 日,"订书至夜"。24 日,"星期休息。仍订书"。30 日,"夜订旧书"。

1923 年是鲁迅订书最频繁的一年，情况如下：1 月 31 日，"夜重装《五杂组》八本"。2 月 8 日，"困顿，不赴部。订书数本"。困得不想上班，订书却有劲头。2 月 12 日，"休假。重装《金石存》四本，制书帙二枚，费一日"。3 月 4 日，"星期休息。改装旧书二本"。4 月 29 日，"星期休息。装书六本讫"。5 月 13 日，"星期休息。夜重装《颜氏家训》二本"。15 日，"夜重装《石林遗书》十二本讫"。17 日，"夜修补旧书"。19 日，"重装旧书三部，共十二本讫。饮酒"。大约是装订旧书成果斐然，于是小酌一杯，略见得意之色。6 月 10 日，星期休息，"夜装钉〔订〕《王右丞集》八本。"。18 日，端午节休假，"连日重装《授堂遗书》，至夜半穿线讫，计十六本，分为两函"。

有趣的是，鲁迅除订书外，还亲自制作书帙，即书套，时间均在 1923 年 2 月。2 月 10 日，"夜制书帙二枚"。2 月 11 日，星期休息，"上午制书帙二枚"。2 月 12 日，休假，"重装《金石存》四本，制书帙二枚，费一日"。显然是对制作书套发生了兴趣，连续三天，每天制作两枚，共制了六枚。

书帙，出自《拾遗记·秦始皇》，指书卷的外套。晋王嘉《拾遗记·秦始皇》："二人每假食于路，剥树皮编以为书帙，以盛天下良书。"

就在鲁迅沉浸在美好的古籍世界时，1923 年 7 月，周氏兄弟反目。是年 7 月 14 日，鲁迅"是夜始改在自室吃饭，自具一看，此可记也"。26 日，"上午往砖塔胡同看屋。下午收拾书籍入箱"。29 日，星期休息，"终日收书册入箱，夜毕"。30 日，"上午以书籍、法帖等大小十二箱寄存教育部"。这一阶段的订书基本作结。

此后鲁迅一直四处看房，为生计奔波，1924 年 5 月 25 日，"晨移居西三条胡同新屋"。1924 年全年，鲁迅仅订书三次，分别是 5 月 9 日，"托直隶书局订书"。19 日，"往直隶书局取改订书，计工泉一元二角"。9 月 12 日，"夜补蠹书"。此后鲁迅并无订书的热情，直到 1926 年 2 月 27 日，"夜重订旧书"。一个"重"字，令人感慨万千。

第二种情况是托古籍书店订书。

鲁迅当年常打交道的一个书店是本立堂，前后共有 10 次交往，其中 8 次与订书有关。(详见本书《本立堂》一节)

为鲁迅订书的另一个书店是直隶书局。

1923 年 4 月 10 日，"午后往留黎厂托直隶书局订书"。1924 年 5 月 9 日，"托直隶书局订书"。19 日，"往直隶书局取改订书，计工泉一元二角"。

经直隶总督李鸿章批准，光绪八年（1882）三月，直隶官书局在保定、天津开业，发售各省书局的书籍，后也代销商务印书馆、文明书局的新式教科书。民国以后，"直隶官书局"更名"直隶书局"，除主营南方新书外，又增加寄售与收购古旧书籍业务，在北京也设立了分支机构。《鲁迅日记》

从 1912 年至 1923 年称其为"直隶官书局""官书局"，1923 年至 1936 年就称直隶书局了。（萧振鸣《鲁迅与他的北京》，北京燕山出版社 2015 年版）

第三种情况是"嘱工装订"。

嘱工装订就是委托其他书工装订，是否仍然是本立堂、直隶书局的书工，未详，姑且单独作为一种情况对待。

1915 年 1 月 11 日，"收拾历来所购石印名人手书及石刻小册，属工汇订之，共得三十本也"。

1 月 17 日，"晚书工来，令订《法苑珠林》及佗杂书，付资二元"。

1915 年 3 月 29 日，"夜景写《秦汉瓦当文字》一卷之上讫，自始迄今计十日"。4 月 10 日，"至清秘阁买纸笔，合一元。晚写《秦汉瓦当文字》一卷之下讫，计十二日"。17 日，"午后往图书分馆还《秦汉瓦当文字》并托丁书"。这是借得《秦汉瓦当文字》一卷二册后，花费了 22 天抄写完，去图书馆还书时顺便交付装订。

1915 年 6 月 11 日，"先后令书工修书二十四本，付工直一元"。10 月 26 日，"陆续属工订书共三十余册，晚具成持来，与资一元"。

1920 年 11 月 24 日，"午后得宋紫佩信并订成之书二十六本。工泉千"。

1921 年 12 月 16 日，"午后往图书分馆还子佩代付之修书泉一千文"。

以上所订旧书，有确切数字可据者，即达340多册。

上海时期，鲁迅买书多，但订书不多。许广平在《鲁迅手迹和藏书的经过》中说："在上海，月必大量添购书籍……其或属线装书因孤本难得，或因经济所限，一时未能购齐，则不惜亲自手钞或加意装订，都费去不少精力，阅之较坊间所出更觉精美，亦可见其珍爱藏书之一斑了。"（《图书馆》1961年第4期）

订书的记录也有几处：1933年12月10日，"星期。夜修订旧书三种十本讫"。1934年5月16日，"补订《北平笺谱》一部"。9月5日，"下午寄紫佩信并《淞隐漫录》等一包。托其觅人重装，又海婴照片一枚，转赠阮长连"。修书订书竟然要寄往北京，盖因对上海旧书行当不甚熟悉所致。10月19日，"下午得紫佩信并代付装订之《淞隐漫录》等两函共十本"。24日，"上午寄紫佩信并还泉六元"，当为订书费。12月10日，"寄紫佩并书四部，托其付工修整"。1935年1月11日，"得紫佩所寄代修旧书四部十二本"。

这些经过加工的旧书，较坊间所出更为精美，何止是"以自怡悦"，也是抢救保护古籍遗产了。

鲁迅抄书补书考

鲁迅是晚清民国时期成就最大的"抄书家"之一。

鲁迅从小时候开始，就不仅酷爱读书，还喜欢抄书，单是草木虫鱼方面的书，他便抄了《野菜谱》《释草小记》《释虫小记》，而且推广到了《茶经》《耒耜经》《五木经》等。

显然，抄书使他得益匪浅。他的记忆力那么好、读过的书经久不忘，这与他抄书的爱好是密切相关的。毕竟，中国的古训告诉我们："好记性不如烂笔头。"

鲁迅抄书的目的是："披览古说，或见讹，则取证类书，偶会逸文，辄就写出。"

鲁迅一生抄书的数量，最保守的统计，至少也有100万字。仅1915年至1918年，其抄录古碑一项就达790种，近2000张。对甲骨文、金文、真、隶、篆、草各种字体，他都摹写得惟妙惟肖。大量的抄写，对鲁迅的书法是很好的训练。

1913年10月1日，"夜抄《石屏集》卷第三毕，计二十叶。写书时头眩手战，似神经又病矣，无日不处忧患中，可哀也"。

1913年11月16日，"星期休息。夜钞《石屏集》跋二叶毕，于是全书告成，凡十卷，序目一卷，总计二百七十二叶，历时八十日矣"。

1914 年 4 月 6 日，"夜坐无事，聊写《沈下贤文集》目录五纸"。

1915 年 3 月 19 日，"下午从稻孙借得《秦汉瓦当文字》一卷二册，拟景写之。赴清秘阁买纸一元"。

1915 年 3 月 29 日，"夜景写《秦汉瓦当文字》一卷之上讫，自始迄今计十日"。4 月 10 日，"至清秘阁买纸笔，合一元。晚写《秦汉瓦当文字》一卷之下讫，计十二日"。17 日，"午后往图书分馆还《秦汉瓦当文字》并托丁书"。这是花费了 22 天抄写完《秦汉瓦当文字》后，顺便让图书分馆装订。7 月 19 日，"夜写《百专考》一卷毕，二十四叶，约七千字"。

1923 年 2 月 4 日，"星期休息。下午补钞《唐诗纪事》一叶"。4 月 9 日，"休假。补钞《青琐高议》阙卷"。4 月 17 日，"夜补抄《青琐高议》前集毕"。5 月 25 日，"夜补书十六叶"。6 月 6 日，"从上午至夜半共补钞《王右丞集笺注》四叶"。7 日，"夜补《王右丞集》二叶"。8 日，"补钞《王右丞集》三叶"。9 日，"上午钞《王右丞集》一叶，全书补讫"。此外还"夜阅大学试卷四十六本"，是很辛苦的。

鲁迅通过抄书、补书，形成了很强的比较、校勘、钩沉能力，这种沉潜下来的"暗功夫"令人钦佩。

鲁迅与"限定版"图书

鲁迅藏书讲究实用，所藏之书以普通版本居多，但到上海之后，也花气力购藏了一批"限定版"图书，很是引人注目。

所谓限定版，顾名思义，就是版本精良、印数很少、每本书都有编号、价格昂贵的图书，一般在比较小的圈子中流通，带有图书奢侈品的印迹。

鲁迅作外文说明的23种"限定本"

上海鲁迅纪念馆曾展出鲁迅"限定版"藏书的外文说明手迹。这批手迹原由许广平保存，共23件，原件大小一律，长24厘米，宽16.4厘米，居中书写，或为日文，或为法文，或为德文，或为英文，依原书而定。比如原是日文书，即书日文说明。这批手迹与鲁迅日记、书信中有关限定版的记述一道，展示了鲁迅藏书中的华彩部分，以及其丰富精神世界中的特殊一隅。由此可以看出，鲁迅不仅是资深的"毛边党"，也是忠实的"限定党"。

兹以时间为序，将鲁迅购藏的限定版图书罗列如下，并略做介绍：

一、《雄鸡和杂馔》

鲁迅外文说明手迹:"《雄鸡和杂馔》。法国科克多著,太平黑元雄译。1928 年东京第一书房出版。荷兰木炭纸印 320 部(一作 350 部)中之第 154 号。"

1928 年 8 月 2 日,鲁迅日记云:"下午往内山书店买书三本,七元八角。"

日记中并没有写明买的是什么书,但查鲁迅当年书账,8 月 1 日买了以下三本书:

マルクス主义の根本问题一本,〇.六〇。

雄鸡とアルルカン一本,五.二〇。

アポリネール诗抄一本,二.〇〇。

三本书的价钱加起来,恰是日记中所说的七元八角。至于日期对不上的问题也不是什么问题,鲁迅在《马上日记》中说:"我的日记……写的是信札往来,银钱收付,无所谓面目,更无所谓真假……一行满了,然而还有事,因为纸张也颇可惜,便将后来的事写入前一天的空白中。总而言之:是不很可靠的。但我以为 B 来是在二月一,或者二月二,其实不甚有关系,即便不写也无妨;而实际上,不写的时候也常有。"这段表明心迹的话可以用来理解鲁迅日记中的时间问题。

上述日记中的《雄鸡とアルルカン》即《雄鸡和杂馔》。这是鲁迅购得的第一本"限定版"图书,当时在上海的售价是银圆五元二角。

让·科克多（Jean Cocteau, 1889—1963），法国作家，著有小说《可怕的孩子》、剧本《定时炸弹》等。《雄鸡和杂馔》是科克多的一本文艺随感。是年，鲁迅翻译了本书中的《〈雄鸡和杂馔〉抄》，并写《译者附记》，发表于同年12月至次年1月的《朝花》周刊第4、6期上，内容如下：

久闻外国书有一种限定本子，印得少，卖得贵，我至今一本也没有。今年春天看见 Jean Cocteau 的 Le Coq et L'arlequin 的日译本，是三百五十部之一，倒也想要，但还是因为价贵，放下了。只记得其中的一句，是："青年莫买稳当的股票"，所以疑心它一定还有不稳的话，再三盘算，终于化了五碗"无产"咖啡的代价，买了回来了。

买回来细心一看，就有些想叫冤，因为里面大抵是讲音乐，在我都很生疏的。不过既经买来，放下也不大甘心，就随便译几句我所能懂的，贩入中国，——总算也没有买全不"稳当的股票"，而也聊以自别于"青年"。

至于作者的事情，我不想在此介绍，总之是一个现代的法国人，也能作画，也能作文，自然又是很懂音乐的罢了。

文中"无产"咖啡也有出处，在《三闲集·革命咖啡店》一文中，鲁迅写道："革命咖啡店的革命底广告式文字，昨天也看见了……遥想洋楼高耸，前临阔街，门口是晶光闪烁的玻璃招牌……面前是一大杯热气蒸腾的无产阶级咖啡……"语带揶揄。

二、《亚波里耐尔诗抄》

鲁迅外文说明手迹："《亚波里耐尔诗抄》，堀口大学译，插图十二幅。1927 年东京第一书房出版。初版特制 1000 本中之一。"

本书作者亚波里耐尔（G. Apollinaire, 1880—1918），法国颓废派诗人、作家。此书也是鲁迅 1928 年 8 月 2 日在内山书店所买三本书中的一本，即《アポリネール诗抄》，价 2 元。

关于亚波里耐尔，鲁迅曾在翻译他的讽刺短诗《跳蚤》时写过译者附记，对作者作过介绍，说他是生于罗马的一个私生儿，不久随母亲住在法国，成年后"放浪酒家，鼓吹文艺，结交许多诗人"，善画，能诗。1911 年 11 月，"卢佛尔博物馆失窃了名画，以嫌疑被捕入狱的就是他，但终于释放了"。欧洲大战起，他去从军，在壕堑中被炮弹的破片钉在头颅上，于是入了病院，婚后因肺炎死在巴黎。

三、《散文诗集》

鲁迅外文说明手迹："《散文诗集》，法国波德莱尔著。拉布雷顿木刻插画。19（ ）年巴黎勒内·里埃费出版社出版。限定版第 49 号。"

1929 年 4 月 23 日，鲁迅"上午收学昭代买之 *Petits*

Poèmes en Prose 一本"。

学昭，即陈学昭（1906—1991），女，原名陈淑英、陈淑章，浙江海宁人。作家、翻译家。1927年4月赴法留学，1928年秋冬回国小住，1929年1月又去法国。因她有法国外交部的记者证，凭证购书，有20%的优惠，为此，她与季志仁一道先后为鲁迅代购美术书籍多种。

四、《格斯纳的田园诗》

鲁迅外文说明手迹："《格斯纳的田园诗》，格斯纳作。维贝尔木刻插画。1922年巴黎克雷斯—西出版公司出版。限定版360部中第341号。"

所罗门·格斯纳，瑞士诗人、画家、政府官员、报纸出版商，代表作是田园诗《亚伯之死》。1929年6月5日，鲁迅收"季志仁代购之法文书籍二包并信"，其中之一是《格斯纳的田园诗》，价7.5元。季志仁当时在法国学习音乐，与陈学昭一起为鲁迅购买文艺美术书籍。

五、《埃斯特拉马杜拉的嫉妒的卡里札莱斯》

鲁迅外文说明手迹："《埃斯特拉马杜拉的嫉妒的卡里札莱斯》，塞万提斯·萨维德拉作，儒（Louis Jou）木刻插画。1916年法兰西文学社出版。仿羊皮纸印380本中之第174号。"

1929年6月5日，鲁迅"收季志仁代购之法文书籍二包并信"。其中之一是《埃斯特拉马杜拉的嫉妒的卡里札莱斯》，价 12 元。

六、《诗歌全集》

鲁迅外文说明手迹："《诗歌全集》，法国维尼著。木刻作者像：儒（Louis Jou），木刻插画：博迪埃（Paul Baudier），1920 年巴黎乔治·克雷斯—西出版社出版。高级日本纸印 40 部中之第 36 号。"

1929 年 6 月 5 日，鲁迅收"季志仁代购之法文书籍二包并信"。其中之一是《诗歌全集》，25 元。

鲁迅在《"醉眼"中的朦胧》一文中提到过维尼："然而文艺是还是批判不清的，因为社会有许多层，有先进国的史实在；要取目前的例，则……《创造月刊》也背了 Vigny 在'开步走'了。"

文中 Vigny 指维尼（1797—1863），法国消极浪漫主义诗人。著有《上古和近代诗集》《命运集》等。《创造月刊》第一卷第五、七、八、九各期曾连载穆木天的论文《维尼及其诗歌》。"开步走"，是成仿吾《从文学革命到革命文学》一文中的话："开步走，向那龌龊的农工大众！"

七、《禽虫吟》

鲁迅外文说明手迹："《禽虫吟》，一名《阿尔斐的护从》，亚波里耐尔（G. Apollinaire）著，杜飞（R. Dufy）插画。1918 年巴黎'人头鸟女妖'出版社出版。原纸印本 1200 本中第 846 号。"

本书为诗集，鲁迅收藏两册。1927年10月12日鲁迅从内山书店买《动物诗集》（即《禽虫吟》）一本，2.2元。1929年10月14日，鲁迅"晚收季志仁从法国寄来之《Le Bestiaire》一本，价八十佛郎"。因书中有插画，鲁迅曾选用此书插图。

八、《我们的朋友路易·儒》

鲁迅外文说明手迹："《我们的朋友路易·儒》，卡尔科和卡苏合著。附路易·儒木刻选。1929年巴黎特莱莫瓦出版社出版。限定本460本中第436号（仿羊皮纸）。"

1930年3月10日，鲁迅"得季志仁信并 *Notre Ami Louis Jou* 一本，价四百法郎"。

九、《波斯勋章和别的奇闻》

鲁迅外文说明手迹："《波斯勋章和别的奇闻》，俄国契诃夫著。马修廷木刻插图八幅，并署名。1922年柏林世界出版社出版。限定版200部中第64号。"

1930年4月30日，鲁迅"收诗荃所寄在德国搜得之木刻画十一幅，其直百六十三马克，约合中币百二十元。又书籍九种九本，约直六十八元"。本书为其中之一，8元。

徐诗荃（1909—2000），笔名梵澄，湖南长沙人。著名的精神哲学家、翻译家和印度学专家。1929年赴德国留学，在海德堡大学哲学系攻读艺术史专业，研究美术史，练习木刻艺术，代鲁迅购买文学和版画作品，并创作一幅中年鲁迅像。

十、《太阳》

鲁迅外文说明手迹："《太阳》，比利时麦绥莱勒作，木刻画六十三幅。1920年德国慕尼黑沃尔夫出版社出版。限定版800本中之第786号。"

1930年8月18日，鲁迅收"诗荃所寄书一包十二种[本]，计值三十四元二角"。《太阳》为其中之一，木刻画集，价25元。

十一、《士敏土之图》

鲁迅外文说明手迹："《士敏土之图》，梅斐尔德作木刻十幅。1931年上海三闲书屋翻印。珂罗版夹宣纸印250本之一。"

1930年9月12日，鲁迅"收诗荃所寄Carl Meffert作Zement木刻插画十枚，直一百五十马克，上海税关取税六元三角"。不久就以三闲书屋名义自费出版。

十二、《柏拉图的斐多篇》

鲁迅外文说明手迹："《柏拉图的斐多篇》，威廉·乔伊特译，埃里克·吉尔装画，1930年英国巴克夏金鸡出版公司出版。限定版500本之第64号。"

1929年12月16日，鲁迅"午后托三弟汇寄金鸡公司泉三十元四角并发信片，定书二种"。本书是其中之一，价25元4角。

十三、《第七人》

鲁迅外文说明手迹："《第七人》，副题《南海岛食人者的真实故事》，木刻插画 15 幅，罗伯特·吉宾斯著，1930 年英国巴克夏金鸡出版公司出版。限定版 500 本第 307 号。"

此书与《柏拉图的斐多篇》同时于 1929 年 12 月 16 日预订，到了 1930 年 9 月 22 日，鲁迅"得伦敦金鸡公司寄来之 *The 7th Man* 一本，其直十元，已于去年付讫"。

鲁迅为了定一本书，用一年的耐心去等待，这简直和"期房"一样，可以称作"期书"。

十四、《卡尔·施特恩海姆〈编年史〉的木刻集》

鲁迅外文说明手迹："《卡尔·施特恩海姆〈编年史〉的木刻集》，比利时麦绥莱勒作，由艺术家签名，慕尼黑三面具出版社出版。印 100 部中之第 69 号。"

卡尔·施特恩海姆，德国作家。1930 年 10 月 28 日，许广平往商务印书馆取"从德国寄来之美术书七种十二本"，本书是其中之一，价 42 元。

十五、《为托尔斯泰〈克莱采奏鸣曲〉所作镂版画十二幅镂版封面一幅》

鲁迅外文说明手迹："《为托尔斯泰〈克莱采奏鸣曲〉所作镂版画十二幅镂版封面一幅》，德国盖格尔作，由艺术家签名，19（22）年慕尼黑三面具出版社出版。限定版 85 本中之第 81 号。"

1930 年 10 月 28 日，许广平往商务印书馆取"从德国寄来之美术书七种十二本"，本书是其中之一，价 47 元。

十六、《肖像与漫画》

鲁迅外文说明手迹："《肖像与漫画》，比利时麦绥莱勒作，木刻画六十幅。1926 年慕尼黑沃尔夫出版社出版。印本 400 部之第 69 号。"

本书为木刻画集。1930 年 10 月 28 日，许广平往商务印书馆取"从德国寄来之美术书七种十二本"，本书是其中之一，价 25 元。

十七、《〈累丁狱中的歌〉木刻插画》

鲁迅外文说明手迹："《〈累丁狱中的歌〉木刻插画》，奥斯卡·王尔德著，麦绥莱勒木刻插画。1923 年慕尼黑三面具出版社出版。限定版 250 本中之第 173 号。"

奥斯卡·王尔德（1854—1900），19 世纪英国唯美派作家、颓废派运动的先驱。1930 年 10 月 28 日，许广平往商务印书馆取"从德国寄来之美术书七种十二本"，其中之一是麦绥莱勒为王尔德的诗集《累丁狱中的歌》作的木刻插画，价 37 元。

十八、《英语入门》

鲁迅外文说明手迹："《英语入门》（画集一本，诗集一本），川上澄生作并刻，雅博拿丛书之一。1930 年横滨雅博拿书房出版限定版 300 部内之第 180 号，著者签名。"

　　此书鲁迅两次购买三册。1930 年 12 月 22 日,"下午内山书店送来《浮世绘版画名作集》第四集一帖二枚,《エグレスイロハ》一本,计书直十七元五角"。其中《英语入门》价 2.5 元。1931 年 2 月 10 日,"下午往内山书店,得《エゲレスいろは》诗集两种,《风流人》一本,共泉七元五角"。其中诗集价 4 元。

　　十九、《霰》

　　鲁迅外文说明手迹:"《霰》(诗集),千家元麿作,中川一政装画。1931 年横滨雅博拿书房出版,限定版 300 部之一。"

　　千家元麿(1888—1948),日本诗人,早年就读于庆应大学,18 岁起写作俳句和短歌。曾参与创办《赤土陶器》杂志,后成为白桦派作家。受武者小路实笃影响,诗作充满人道主义情感。著有诗集《我看到了》《虹》《夏草》《苍海诗集》,长诗《昔日之家》及随笔集《诗、美、自然》等。

　　1931 年 5 月 13 日,鲁迅"午后往内山书店买《霰》一本",价 2.5 元,精装本,书上未注明 300 部之第几部。

　　二十、《工房有闲》

　　鲁迅外文说明手迹:"《工房有闲》,一部二册,小杉木醒著。1931 年横滨雅博拿书房出版。限定预约版 300 部之一。"

　　小杉木醒,原著写作"小杉未醒"。1931 年 10 月 14

日鲁迅日记:"上午内山书店送来《日本裸体美术全集》一本,《工房有闲》一部二本,共泉二十元。"其中《工房有闲》5元。

二十一、《魔女》

鲁迅外文说明手迹:"《魔女》,诗集,佐藤春夫著。川上澄生插画。秋朱之介装帧。1931年横滨以土帖印社出版。读书家版1000部之第92号。"

佐藤春夫(1892—1964),日本诗人、小说家、评论家,以艳美清朗的诗歌和倦怠、忧郁的小说知名,活跃于大正、昭和时期,获得过日本文化勋章。

1931年11月11日,鲁迅从内山书店"买读书家版《魔女》一本",精装本,价5元。书名页上钤有鲁迅自刻印章一方。

二十二、《读书放浪》

鲁迅外文说明手迹:"《读书放浪》,文艺随笔,内田鲁庵著,斋滕昌三、柳田泉编。1932年东京书物展望社出版。限定版1000部之153号。"

内田鲁庵(1868—1929),日本小说家、评论家,多从事文艺评论和翻译,所译《罪与罚》《复活》在当时的日本文坛有很大影响。后来主张创作社会小说,代表作有《社会百面相》。

《读书放浪》中文名《漫读记》,先出限定版,又出普通本,两书鲁迅均有收藏。1932年8月19日,鲁迅"下午往内山书店,得限定版《读书放浪》一本,值四元"。1934

年 2 月 27 日，鲁迅"下午往内山书店买《东洋古代社会史》一本，五角；《读书放浪》一本，二元"。

二十三、《欢迎与告别》等

鲁迅外文说明手迹："《欢迎与告别》，套色木刻，瓦尔特·施密特作，350 本之第 61 号。《夏娃》，木刻，奥格·贝克尔作。《苏姗那入浴》。《铁流之图》，木刻 4 幅，毕斯凯莱夫作。"

《夏娃》《苏姗那入浴》《铁流之图》于 1933 年 10 月在现代作家木刻画展览时曾展出。《铁流之图》原由商务印书馆制版，但未及印刷即毁于"一·二八"战火，1934 年又印入《引玉集》。

以上 23 种外文说明，《鲁迅遗物书目》中称是《展览会说明》，《鲁迅手迹和藏书目录》中称是《版画说明》，总之，是鲁迅对其限定版藏书的一次系统整理，显示出鲁迅对这批藏书的特殊珍视，对于研究鲁迅与美术、鲁迅与中外文化的关系很有意义。

鲁迅未作说明的其他"限定本"

此外，鲁迅还购买过其他限定版，但鲁迅本人未写专门的说明文字。主要有：

一、《小杉放庵画集》

1932 年 6 月 26 日，鲁迅"往内山书店买《小杉放庵画集》（限定版千部之四〇一）一本，五元五角"。

小杉放庵，日本画家，明治维新以来，与横山大观、竹内栖凤、川合玉堂、桥本关雪等画家一起，对日本画进行鼎力变革，使日本画重现勃盛气象，吸引了当时包括傅抱石在内的许多中国留日画家取经取法。

二、《保罗·高更版画集》

1933 年 10 月 28 日，鲁迅"往三马路视旧书店，无所得。下午得西谛信并笺样一枚。从丸善书店购来法文原本《P. Gauguin 版画集》一部二本，价四十元，为限定版之第二一六"。

保罗·高更（P. Gauguin, 1848—1903），法国画家，与塞尚、梵高同为美术史上著名的"后期印象派"代表画家。

鲁迅早在 1912 年就读到高更的《诺阿诺阿》一书了，是年 7 月 11 日，他从绍兴"收小包一，内 P. Gauguin: *Noa Noa*"，"夜读皋庚所著书，以为甚美；此外典籍之设计印象宗者，亦渴欲见之"。但此书在兄弟失和后可能被周作人"没收"了。到了 1930 年，鲁迅又四处托人购买该书日文和德文版，1933 年 10 月 30 日致山本初枝："我找的书是法国人 Paul Gauguin 所著 *Noa Noa*，系记他的 Tahiti 岛之行，《岩波文库》中也有日译本，颇有趣。我想读的却是德译本，增田君曾代我从丸善到旧书店都寻遍了，终于没找到。于是他寄来法文本一轴，我却看不懂。我想东京现在未必有，并且也不那么急需，所以不必拜托贵友。"鲁迅想找高更《诺阿诺阿》一书的德译本，但担心日本也未必有，所以"不必拜托贵友"。信中所言增田涉给鲁迅购买的"法文本一轴"，很可能就是 1933 年 10 月 28 日日记所载从丸善书店购来的法文原本《P. Gauguin 版画集》。

三、《美代子》

1933 年 11 月 14 日，鲁迅"得《絵入みよ子》一本，为五百部限定版之第二十部，山本夫人寄赠"。

《絵入みよ子》，即插图本《美代子》，日本儿童文学作品，佐藤春夫著，石谷伊之插图，1933 年东京青果堂出版，限定 500 部。

当天，鲁迅给山本初枝写了一封信，称"插图本《美代子》，今天亦收到。这本书极好，谢谢。中国几无好事者，所以这类书不易出版。最近我和一位朋友在印《北京诗笺谱》，预定明年一月出版，出后当即奉览。"

插图本《美代子》这样的书在中国不易出版，因为"中国几无好事者"，而鲁迅就是这样的"好事者"，他当时正在和郑振铎编印《北平笺谱》。在《北平笺谱序》中，鲁迅也自称"吾修好事"："北京夙为文人所聚，颇珍楮墨，遗范未堕，尚存名笺，顾迫于时会，芩落将始，吾修好事，亦多杞忧，于是搜索市廛，拔其尤异，各就原版，印造成书，名之曰《北平笺谱》。"

四、《国王的背脊》

童话，内田百间著。昭和九年（1934）东京乐浪书院出版。鲁迅曾购两种版本，9 月所购为普通版，11 月所购为特制限定版 200 部之 167 号。1934 年 9 月 16 日，"下午买书三种，共泉七元七角"。其中一本是《王样の背中》，1.2 元。11 月 3 日，"午后往内山书店，得《仏芸植物図鑑》（六）、《王様の背中》各一本，共泉六元三角"。鲁迅书账中写作《王样の背中（豪华版）》，3.5 元。

鲁迅青睐限定本。日本有一本木刻期刊《白与黑》，1931 年创刊，东京白与黑社出版，每期只印 60 本，料治朝鸣编辑。鲁迅自 1932 年开始订阅这本期刊，因订得迟了一些，缺了 13 册，因此，他于 1934 年 1 月向山本初枝求助，请她留意购买搜求："我不需要什么东西，但有一件颇麻烦的事相托。我自前年开始订阅版画杂志《白与黑》，是限定版，我又订迟了一些，缺一至十一期，又二十期、三十二期，共十三册。倘贵友中有常到旧书店走动的，烦他代为留意购买。'白与黑社'的地址是淀桥区西落合一之三七号，但该社除了第三十二期外，已无存书。但这也不是什么非有不可的东西，倘没有，也不必费力去找。"

既要请友人帮助，又说"这也不是什么非有不可的东西"，给对方留下了足够周旋的空间，这就是鲁迅的为人处世之道。

《白与黑》1934 年出至第 50 号停刊，后又出 4 期再刊号，

1935 年 8 月 1 日终刊。鲁迅最后是否找到了他所缺的 13 册杂志，从其日记和书信里找不到答案。

说鲁迅是忠实的"限定党"也是有根据的。20 世纪 30 年代，鲁迅曾参加过一个东京的限定版团体，该团体倒闭后，1934 年东京又成立了一个限定版团体，这次鲁迅不再热心，在致山本初枝的信中，他说："最近东京又成立了限定版的团体。三四年前也曾有过同样的事情，我也参加了，但终于垮台，毫无结果。因此这一次我就不这么热心了。"这一态度与前述"这也不是什么非有不可的东西"是相呼应的，说明鲁迅到了晚年，对物的欲望已大为收敛。

鲁迅主持出版的"限定本"

日本、德国等国的"限定本"收藏到一定规模，鲁迅不免手痒，便在其出版实践中，躬行实践"限定本"。

一、《士敏土之图》

1931 年上海三闲书屋翻印，珂罗版夹宣纸印 250 本。前文已述。

二、《北平笺谱》

1933 年 9 月 29 日，鲁迅就传统水印木刻笺纸集《北平笺谱》印制事致郑振铎，叮嘱了"几点私见"："（一）应该每部做一个布套，（二）末后附一页，记明某年某月限定印造一百部，此为第△△部云云，庶几足增声价，至三十世纪，必与唐版媲美矣。"

1933 年 12 月，鲁迅与郑振铎合作编选的《北平笺谱》由"纸墨良好，镌印精工，近时少有"（鲁迅语）的荣宝斋刻印出版，共收木刻套印彩笺 310 幅，瓷青纸书衣，线装，六册一函。书衣题签，沈兼士书写。首印 100 部，每部书上均有鲁迅和郑振铎二人的亲笔签名。其中鲁迅自订 20 部，郑振铎 10 部，内山书店经售 20 部，余 50 部预约发售。售价 12 元，在当时确属奇昂，然犹一出即罄。鲁迅在 1933 年 12 月 27 日致台静农的信中说："《北平笺谱》竟能卖尽，殊出意外，我所约尚有余，当留下一部。"次年 1 月 11 日，鲁迅在致郑振铎的信中说，他所约的 20 部《北平笺谱》，除各送台静农和魏建功一册外，"所余十八个，则都运上海，不能折扣矣"，执词颇硬，足见对此书的重视。同年 2 月，鲁迅不无欣慰地评价此书："重行展览，觉得实也不恶。此番成绩，颇在豫想之上也。"对此限定本，鲁迅说"至三十世纪，必与唐版媲美"，这与其说是壮志与豪言，毋宁说是视野与自信。

三、《引玉集》

1934 年 3 月，鲁迅编选了一部苏联木刻画集《引玉集》，以"三闲书屋"名义自费印行，由内山完造托东京洪洋社印刷。装帧有精平两种形式，精装为纪念本，仅印制 50 部，非卖品；

平装为流通本，印制250部。1935年6月此书再版215本，分纪念本与发卖本两种。

《引玉集》广告文字言："敝书屋搜集现代版画，已历数年……今为答作者之盛情，供中国青年艺术家之参考起见，特选出五十九幅，嘱制版名手，用玻璃版精印，神采奕奕，殆可乱真，并加序跋，装成一册，定价低廉，近乎赔本，盖近来中国出版界之创举也。但册数无多，且不再版，购宜从速，庶免空回。上海北四川路底施高塔路十一号内山书店代售，函购须加邮费一角四分。三闲书屋谨白。"

四、《凯绥·珂勒惠支版画选集》

1936年7月，鲁迅编选的《凯绥·珂勒惠支版画选集》出版，收入珂勒惠支的21幅版画，由上海三闲书屋印行，只印了103本。这是鲁迅版画出版生命的一次谢幕，当时即属珍本，今日更是一本难求。

凯绥·珂勒惠支（1867—1945），德国版画家、雕塑家。鲁迅评价："她以深广的慈母之爱，为一切被侮辱和损害者悲哀，抗议，愤怒，斗争；所取的题材大抵是困苦，饥饿，流离，疾病，死亡，然而也有呼号，挣扎，联合和奋起。"

《凯绥·珂勒惠支版画选集》是鲁迅生前亲自编选的最后一本版画集，无论编辑、装帧、印制都很精美，当时即享誉出版界，可谓无与伦比。画册印成之后，鲁迅不无感慨："印造此书，自去年至今年，自病前到病后，手自经营，才得成就。"如果算上收集、购买原拓画作的准备期，出版该画册则达六年之久。

103 册《凯绥·珂勒惠支版画选集》中，30 册送往国外，40 本赠送国内友人，仅余 33 本由鲁迅亲笔编号，交给位于上海北四川路的内山书店代售，每册定价三元二角。当时上海一名普通工人的工资约为 15 元，这本画册可谓价格不菲。

1936 年 10 月，上海文化生活出版社将此书作为《新艺术丛刊》第一种，重新照相，铜版纸缩小重印，以 16 开本出版发行，其中精装 500 本、平装 1000 本，于鲁迅逝世前几天送到先生的病榻前。

五、《海上述林》

《海上述林》是鲁迅为纪念瞿秋白而编辑出版的瞿氏译作。

1935 年 6 月，中共高级领导人瞿秋白在福建长汀英勇就义，年仅 36 岁。为了纪念这位异乎寻常的"斯世当以同怀视之"的知己，鲁迅与茅盾、郑振铎等相商，筹划为瞿秋白出本书。其时鲁迅已是形销骨立，但他抱病忍痛，殚精竭虑为此书操劳。

1936 年 8 月，《海上述林》上卷样本在东京印成。在致茅盾的信中，鲁迅满意地说："那第一本的装订样子已送来，重磅纸；皮脊太'古典的'一点，平装是天鹅绒面，殊漂亮也。"10 月 2 日，《海上述林》上卷寄至上海，分平装和精装两个版本，全部用重磅道林纸精印，并配有插图。上卷仅印造500部，内皮脊100部，每部实价3元5角整；布面400部，每部实价2元5角整，由上海北四川路内山书店代售。

《海上述林》下卷于年底（版权页印作10月）印成时，鲁迅已逝世，没有看到它的问世。

《海上述林》是我国现代出版史上极其珍贵的版本，也是鲁迅生前编辑的最后一本书，借用鲁迅在《白莽作〈孩儿塔〉序》中所说："这是东方的微光，是林中的响箭，是冬末的萌芽，是进军的第一步，是对于先驱者的爱的大纛，也是对于摧残者的憎的丰碑。"《海上述林》的出版，不仅是鲁迅对瞿秋白的纪念，也是现代文学史对鲁迅的纪念。

除了"限定本"，鲁迅也特别关注印数很少的"特制本"或"特别本"，兹举数例，供好者研究。

1930年11月28日，"午后内山书店送来特制本《楽浪》一本，其十一，九十元"。这是鲁迅所买最贵的一本特制本，高达90元，也是限定本，编号11。这究竟是一本什么书，笔者很感兴趣，惜学力有限，未能深究。

1933年11月，鲁迅与郑振铎通信时，谈到《灵宝刀》（《水浒》中林冲的故事，明代陈与郊作）的插图时提及，"明纸印本，只能算作特别本（西洋版画，也常有一二十部用中国或日本纸的特制本），此外最好仍用宣纸。"这是对同行介绍西洋版画特制本。

1934年6月11日，"下午买特制本《にんじん》一本，《悲劇の悲学》一本,《新興仏蘭西文学》一本,共泉十九元二角"。其中特制本《にんじん》(《胡萝卜》)15 元。

1935 年 8 月 13 日,"内山书店送来特制本《モンテーニュ随想录》(一及二)二本,其值十元"。

1936 年 9 月 26 日,"晚吴朗西来并赠再版《死魂灵》特制本一本"。

鲁迅喜爱的这些"限定本"或"特制本",印数多者如《禽虫吟》,印 1200 本;印数最少者如《诗歌全集》,印 40 本,且大都是国外出版的画集或有插图的文艺书籍,可以看出他对书籍装帧和插图的喜爱。他为《译文》编辑黄源推荐《动物志》时说:"有图有说,必为读者所乐闻。印的时候,把插图做得大一点,不久就可以做单行本。"当邹韬奋改编出版《革命文豪高尔基》时,鲁迅也力主配上插图:"我以为如果能有插图,就更加有趣味,我有一本《高尔基画像集》,从他壮年至老年的像都有,也有漫画。倘要用,我可以奉借制版。制定后,用的是那几张,我可以将作者的姓名译出来。"因此,鲁迅对限定本的着眼点除了看重限定、稀缺的特性外,更看重的是插图、装帧,显示的是鲁迅一贯坚持的"拿来主义"眼光。

鲁迅是中国现代出版业的旗帜性人物,今日出版界,或可从鲁迅搜集限定本以及制作限定本的实践中得到有益启示。

参考文献:

周国伟《关于鲁迅 23 件珍贵手迹》,《上海鲁迅研究》1988 年第 1 期,第 65—74 页。

钟海《鲁迅与"限定版"》,《上海师范大学学报(哲学社会科学版)》1990 年第 2 期,第 158 页。

乞为购寄王国维遗集

王国维（1877—1927），字静安，亦作静庵，号观堂等，浙江海宁人。近代中国著名学者，杰出的古文字、古器物、古史地学家，诗人，文艺理论家，哲学家，公认的国学大师。先治宋词元曲，后从事甲骨文及考古研究，1924 年被聘为清华研究院教授，1927 年自沉北京颐和园昆明湖。著述宏富，与罗振玉、董作宾、郭沫若并称"甲骨四堂"。

鲁迅先后提及王国维者，概而言之有五处。

最早的一处是发表于 1922 年 11 月 6 日《晨报副刊》上的《不懂的音译》，其中说："中国有一部《流沙坠简》，印了将有十年了。要谈国学，那才可以算一种研究国学的书。开首有一篇长序，是王国维先生做的，要谈国学，他才可以算一个研究国学的人物。"对王国维的国学研究给予高度评价。

1928 年 1 月，有关所谓"大内档案"被罗振玉卖给日本人事一时沸沸扬扬，鲁迅写了《谈所谓"大内档案"》一文，对罗振玉辛辣嘲讽的同时，顺便拿王国维与他对比："独有王国维已经在水里将遗老生活结束，是老实人。但他的感喟，却往往和罗振玉一鼻孔出气，虽然所出的气，有真假之分。

所以他被弄成夹广告的 Sandwich，是常有的事，因为他老实到像火腿一般。"这是鲁迅对已故王国维的又一次正面评价，那就是"老实到像火腿一般"。

此前的 1927 年 6 月 2 日，王国维自沉于北京颐和园昆明湖，人们从王国维衣袋之中，发现遗书一封，这是写给他的儿子王贞明的。全文百余字，照录如下：

五十之年，只欠一死。经此世变，义无再辱。我死后，当草草棺殓，即行稿葬于清华园茔地。汝等不能南归，亦可暂于城内居住。汝兄亦不必奔丧，因道路不通，渠又不曾出门故也。书籍可托陈、吴二先生处理。家人自有人料理，必不至不能南归。我虽无财产分文遗汝等，然苟谨慎勤俭，亦不至饿死也。五月初二日，父字。

至今，王国维的遗书原件仍完好无损，被裱入一个四开对折纸版内，现珍藏于国家图书馆善本库。关于王国维之死，后人的揣测相当多。常见的说法，大致有三种：一是为清朝殉葬；二是烦乱家事友情；三是学术追求的苦闷等等。此话题不在本文讨论之列。

鲁迅对自杀持什么态度呢？ 1935 年，女电影明星阮玲玉自杀，全国为之震惊，市民相率赴吊，唁谍哀辞不可胜数，鲁迅怀着悲愤的心情写下了《论"人言可畏"》一文，抨击当时的小报记者。他说："至于阮玲玉的自杀，我并不想为她辩护。我是不赞成自杀，自己也不预备自杀的。但我之不预备自杀，不是不屑，却因为不能。凡有谁自杀了，现在总要是受一通强毅的评论家的呵斥，阮玲玉当然也不在例外。然而我想，自杀其实是不很容易，决没有我们不预备自杀的人们所渺视的那么轻而易举的。"也间接表达了他对王国维自杀的态度。

鲁迅另外三次提到王国维都与自己的中国古典文学研究有关。一次是在《中国小说史略》中，列举王国维诘难《红楼梦》是作者"自叙说"，举胡适的考证成果作为反证。另两次是 1922 年向胡适推荐《西游记》研究资料，1931 年与郑振铎争论《唐三藏取经诗话》的版本问题，均提到了王国维编的《曲录》。鲁迅或许并不同意王国维的政治取向，但对其学识和人格还是非常敬重的，也是很乐意引用的。

王国维自沉后，1927 年由罗振玉、赵万里等组织的观堂遗书刊行会编辑出版了《海宁王忠悫公遗书》，海宁王氏石印，至次年陆续印成，收入王氏遗著四十三种，分为四集。鲁迅陆续买了第二、三、四集，但第一集因价贵未买。

1928 年 11 月 28 日，鲁迅致信在杭州的章廷谦(川岛)："王国维的著作，分为四集，名《王忠悫公遗书》或《观堂遗书》，我买了二三四共三集，初集因较贵未买，现在上海一时没有了。不知杭州有否？如有，买以见寄亦可，价大约是十四元。"

在这封信中，鲁迅在"王忠悫公遗书"的"遗书"二字及"十四元"的"四"下各打了一个"？"，表示不太确定。他所说的《王忠悫公遗书》即《海宁王忠悫公遗书》。

1928年12月27日，鲁迅再次致信章廷谦："《王忠悫公遗集》印于北方，盖罗遗老之辈所为，中国书店但代售耳。""罗遗老之辈"即指罗振玉。

但章廷谦未能在杭州购买到《海宁王忠悫公遗书》第一集，因此，1932年6月5日致台静农，请他在北平购寄："中国旧籍亦尚寓目，上海亦有三四旧书店，价殊不昂于北平（此指我在北平时而言，近想未必大贬），故购求并不困难。若其搜罗异书，摩挲旧刻，恐以北平为宜，然我非其类也，所阅大抵常本耳。惟前几年《王忠悫公遗集》出版时，因第一集太昂，置未买，而先陆续得其第二至四集，迨全集印齐，即不零售，遂致我至今缺第一集。未知北平偶有此第一集可得否，倘有，乞为购寄，幸甚。"

台静农居然很快找到了《海宁王忠悫公遗书》，是完整的一函。这一天是1932年6月18日，鲁迅日记："上午得《王忠悫公遗集》（第一集）一函十六本，静农寄赠。"在同一天写给台静农的信里，鲁迅说："今日收到《王忠悫公遗集》一函，甚感甚感。小说两种，各两本，已于下午托内山书店挂号寄奉，想不久可到。两书皆自校自印，但仍为商店所欺，绩不偿劳，我非不知商人技俩，但以惮于与若辈斤斤计较，故归根结蒂，还是失败也。《铁流》时有页数错订者，但非缺页，寄时不及检查，希兄一检，如有错订，乞自改好，倘有缺页，则望见告，当另寄也。其他每一本可随便送人，因寄四本与两本邮资相差无几耳。"

小说两种指《毁灭》与《铁流》，鲁迅各寄了两本，共4本，他自己解释说是"寄四本与两本邮资相差无几"，其实也是相报于台静农寄赠《王忠悫公遗集》。这也是鲁迅情商很高、人情练达之处：有来有往，两不相欠。

《海宁王忠悫公遗书》初集包括《观堂集林》《观堂古今文考释》等殷周史地、古器物、甲骨金文等考订论著。第二集收《殷礼征文》《魏石经残石考》等古史、古文字、音韵学研究论文。第三集收《蒙鞑备录笺证》《黑鞑事略笺证》《长春真人西游记注》等有关西北史地等史料研究校订著作。第四集收《唐五代二十一家词辑》《人间词话》《宋元戏曲史》《曲录》等文学史研究著作。是书所辑为王氏主要学术著述，其辛亥革命以前的著述除文学、戏曲、词曲外，概未收入。因此，以之述王氏学术成就，大体咸备；以之研究王氏的学术思想及其发展，则犹有不足。

书贾和帖贾

书贾帖贾，即旧书、碑帖和拓片经营者。其中有单纯以售卖旧书、拓片、碑帖养家糊口的小书贩，也有长期浸淫旧书拓片碑帖、渐通门路而以书养书的目录学家和版本学家，比如孙殿起、范笑我等。

鲁迅在北京14年，与书贾帖贾打交道多。那时北京的旧书铺讲究送货上门，俗称"背包袱"的。这些人和顾主交往一两次，凭经验就知道什么样的顾主喜欢什么类型、版本的旧书和碑帖，因此送货上门命中率极高。除了旧书铺，还有单枪匹马走街串巷贩卖旧书拓片碑帖的，如同有店无铺的"皮包公司"。

像鲁迅这样总在琉璃厂闲逛的读书人，自然是书贾帖贾重点关注的对象。当时鲁迅住在绍兴县馆，出入会馆的书贾帖贾不在少数。鲁迅日记中，书贾有时写作"书估"，帖贾有时也写作"帖估"。

1912年10月21日鲁迅日记载："晚书估持旧书来售，不成。"说明此时书贾已和鲁迅拉上了关系。

经常上门为鲁迅推销图书、拓片、碑帖的有清秘阁、仪古斋、本立堂、震古斋、庆云堂、敦古谊、尊古堂等。

1912 年 11 月 14 日，"午后清秘阁持林琴南画来，亦不甚佳"。

清秘阁始创于清乾隆年间，清，纯也，秘，稀也，意即收藏纯正稀少的书画宝物之阁，其名源自宋末元初著名书画家倪瓒之藏书阁。清朝宫廷、六部衙门所用的文房信笺、奏折贺本、屏风折扇、八宝印泥等多由清秘阁精制。清末民国时期，王懿荣、张之洞、蔡元培、胡适、齐白石、溥心畬等诸多文化大家均与清秘阁过往，鲁迅更是清秘阁的常客。

1913 年 1 月 4 日，"晚留黎厂肆持旧书来阅，并无佳本，有尤袤《全唐诗话》及孙涛《续编》一部，共八册，尚直翻捡，因以五金买之"。

这一年，鲁迅往绍兴探亲，当地书商王晴阳等也闻声而动，连续三天上门推销旧书。（详见本书《奎元堂》一节）

6 月 29 日，"上午书贾持旧书来，绝少佳本，拣得已蠹原刻《后甲集》二册，不全明晋藩刻《唐文粹》十八册，以金六圆六角买之"。

6 月 30 日，"午后书贾王晴阳来，持有《质园集》一部，未买"。

7 月 1 日，"书贾王晴阳来，持有童二如《画梅歌》诸家评本一部，共三册，有二如自题目，未买"。

王晴阳，绍兴旧书店奎元堂主人。

同一年 9 月 19 日，"上午本立堂书贾来"。本立堂是光

绪十几年开设的老店，书铺掌柜姓刘，鲁迅多次托其订书。（详见本书《本立堂》一节）

1916年4月4日，"晚仪古斋来，买得《洛州老人造象碑》《王善来墓志》，共直二元"。

6月22日，"晚有帖估以无行失业，持拓本求售。悲其艰窘，以一元购《皇甫驎墓志》一枚"。帖估失业，原因是"无行"，无行者，行为恶劣、品行不端，对这样的帖估，鲁迅"悲其艰窘"，还是买了一张拓片，有救济之意，心肠是很慈悲的。次日，即23日，"下午帖估来，不买"，可能是同一个帖估。24日，又来了一名姓李的："晚李估来，买造象三种，二元。"连续三天有书贾、帖贾上门，足见当年出入会馆、宅门的书贾队伍之庞大，这也是民国年间北京城一道流动的文化风景。

9月8日，"下午震古斋来售云峰太甚山摩厓刻旧拓不全本，卅一种卅三枚，值十五元"。

9月10日，"星期休息。庆云堂持拓片来，买取汉残石一枚，有'孝廉司隶从□'字，价一元"。庆云堂由陕西郃阳人杨姓开设于清朝末年，李鸿章题写匾额，是一家专卖碑帖的老字号。

9月27日，"晚帖估来，买晋阙、魏志各一，共二元五角"。

9月28日，"晚帖估来，买造象二种，共乙元"。

9月30日，"晚帖贾来，买取王曜、□显、崔遏墓志共四枚，《廉富造象》四枚，《吕升欢造象》二枚，杂造象四枚，

《胡长仁神道碑》额一枚，共五元"。

11月8日，"夜帖贾来，购取《仙人唐公房碑》并阴二枚，二元"。

11月30日，"晚往留黎厂取所表拓片，付工三元。至耀文堂内震古斋买杂六朝造象四种四枚，泉四角。又《王槃虎造象》一枚，帖估拓送，云从山东买来，已有天津丁姓客定购矣；又文殊般若碑侧题名一枚，似新拓，《校碑随笔》谓旧始有，殊不然也"。鲁迅不仅买拓片，并且分析研究，眼光不俗，很有见地，且成果迭出。

1917年1月19日，"晚帖估来，购取《□朝侯之小子残碑》一枚，《唐该及妻苏合葬墓志》并盖二枚，《滕王长子厉墓志》一枚，共泉三元五角"。

4月28日，"上午敦古谊帖店来，购取《赞三宝福业碑》并额二枚，价乙元"。

9月8日，"晚敦古谊持拓本来，无可得，自捡拓片二十九种付表"。

1918年6月6日，"晚……帖估来，买《仓龙庚午石》一枚，一元"。

1919年1月20日，"晚帖贾来，购取《高洛周造象》并阴、侧四枚，《天平残造象》三枚，共券二元"。

12月18日，"估人又取'虞凯'专去，言不欲售，遂返之"。这片"虞凯"砖是鲁迅12月14日所买，"上端及左侧有字，下端二字曰'虞凯'，余泐，泉五角"。既然对方反悔不卖，鲁迅也就随之，并不作计较。

以上罗列的大多是书贾帖贾上门向鲁迅推销旧书拓片和碑帖的情况，仅占鲁迅购藏活动的一小部分。这一时期鲁迅大量收购碑帖拓片，公余就"独坐录碑"，过着蛰伏的生活，正如他自己所描述的：

> S会馆里有三间屋，相传是往昔曾在院子里的槐树上缢死过一个女人的，现在槐树已经高不可攀了，而这屋还没有人住；许多年，我便寓在这屋里抄古碑。客中少有人来，古碑中也遇不到什么问题和主义，而我的生命却居然暗暗的消去了，这也就是我惟一的愿望。夏夜，蚊子多了，便摇着蒲扇坐在槐树下，从密叶缝里看那一点一点的青天，晚出的槐蚕又每每冰冷的落在头颈上。

鲁迅"从 1915 年至 1918 年集中购买碑、造像、墓志、画像等拓本，对于汉画像的收集则更延续到 1936 年以至他生命的最后时光。鲁迅以他大半生的精力收集各种石刻拓本，计有碑拓本 593 种 1001 张，造像拓本 2017 种 2316 张；墓志拓本 347 种 510 张，汉画像 406 种 697 张"。(叶淑穗《〈六朝造像目录〉和〈六朝墓志目录〉考释——展现鲁迅石刻研究成果的一斑》，《中华读书报》2018 年 4 月 11 日)

　　许广平在《关于汉唐石刻画像》一文中曾写道，鲁迅"为中国古代石刻画像探研曾下过很多苦心，目下所保存的除原拓碑帖画像外，又有先生亲自编好的《六朝造像目录》及未完成的《六朝墓志目录》……可惜限于资力未能在他生时整理付印，到如今，艺术研究上还是一件很可遗憾的事"。

　　《六朝造像目录》是鲁迅将六朝时期——即三世纪初到六世纪前后三百余年间，古人所雕塑的佛像的铭记或称造像记，以目录的形式辑成的稿本。编辑时间约在 1918 年间。现有稿本三册，计有手稿 190 页，从内容上可分成三部分：草稿本、誊清稿本、抄录造像拓本的记录本。原件存国家图书馆。

　　当然，鲁迅终生与书贾帖贾打交道，并不限于上述这一时间段，比如 1924 年 7 月 31 日，"上午尊古堂帖贾来，买《苍公碑》并阴二枚，《大智禅师碑侧画象》二枚，《卧龙寺观音象》一枚，共泉一元"。

　　鲁迅日记中难得地记下了几位书贾的名姓，除上述奎元堂老板王晴阳外，还有一位书贾叫朱记荣（1836—1905）。

　　1912 年 9 月 8 日，星期休息。"上午同季市往留黎厂，在直隶官书局购《式训堂丛书》初二集一部三十二册，价六元五角。会微雨，遂归……午后晴。翻《式训堂丛书》，此书为会稽章氏所刻，而其版今归吴人朱记荣，此本即朱所重印，且取数种入其《槐庐丛书》，近复移易次第，称《校经

254

山房丛书》，而章氏之名以没。记荣本书估，其厄古籍，正犹张元济之于新籍也。读《拜经楼题跋》，知所藏《秋思草堂集》即近时印行之《庄氏史案》，盖吴氏藏书有入商务印书馆者矣。"

鲁迅所买的《式训堂丛书》本来是会稽章氏所刻，书贾、吴人朱记荣得到书版后重印，编入其《槐庐丛书》，此丛书后来又易名为《校经山房丛书》，会稽章氏之名便隐去了，因此鲁迅评价朱记荣"其厄古籍，正犹张元济之于新籍也"。

关于"张元济之于新籍"，鲁迅在同一天的日记里也说得明白："读《拜经楼题跋》，知所藏《秋思草堂集》即近时印行之《庄氏史案》，盖吴氏藏书有入商务印书馆者矣。"《拜经楼藏书题跋记》是清人吴寿旸撰书跋汇编，吴氏所藏《秋思草堂集》由其时主持商务印书馆的张元济以《庄氏史案》之名出版，鲁迅对这种改头换面、移花接木、任意变乱名目的做法表示了不满。

鲁迅对书贾帖贾的印象大多不太好，朱记荣"厄古籍"令鲁迅切齿，交往密切的北新书局老板李小峰更是和鲁迅恩恩怨怨。在不同的场合提及书估，鲁迅总是以抱怨为主。

比如在给李秉中的信中，鲁迅就说："以译书维持生计，现在是不可能的事。上海秽区，千奇百怪，译者作者，往往为书贾所诳，除非你也是流氓……我因经验，与书坊交涉，有时用律师或合同，然仍不可靠也。"译者作者为书贾所诳，鲁迅言外之意是这些诳人的书贾是"流氓"。鲁迅和书贾打交道，已经拿起了法律的武器，状告北新书局拖欠版税案即是一例，此处不赘。

又如致台静农信："北平预约之事，我一无所知，后有康君函告，始知书贾又在玩此伎俩，但亦无如之何。"康君指康嗣群（1910—1969），陕西城固人，当时的文学青年。"北平预约之事"是什么事，不详，应该是书贾未经鲁迅同意预约和出版作品事，鲁迅称此为"玩伎俩"，并感到无可奈何。

在给曹靖华的信中，他说："《铁流》在北平有翻板了，坏纸错字，弄得一榻胡涂。所以我已将纸版售给（板权不售）这里的光华书局，因为外行人实在弄不过书贾，只好让商人和商人去对垒。作者抽版税，印花由我代贴。"

《铁流》是苏联绥拉菲摩维支（1863—1949）著长篇小说，曹靖华翻译，1931年12月由鲁迅的三闲书屋自费出版，被鲁迅誉为"鲜艳而铁一般的新花"。此书一出世，便立遭严禁。鲁迅便通过内山书店，把书籍放在柜台下面，将1000册书一点一滴渗到了读者中间。1932年4月23日，鲁迅信告曹靖华，因受"一·二八"战事影响，《铁流》以及《毁灭》销路不畅，拟将存书折半售给光华书局。后鲁迅发现北平投机书商盗印《铁流》，"坏字错字，弄得一榻胡涂"。于是鲁迅6月22日将《铁流》纸型售给光华书局印行普及本，以进行抵制。这就是鲁迅所说的"外行人实在弄不过书贾，只好让商人和商人去对垒"。但光华版《铁流》装校草率，靖华称为"骗印"。

再如给王志之信："书坊店是靠不住的，他们像估衣铺一样，什么衣服行时就挂什么，上海也大抵如此，只要能够敷衍下去，就算了。"

这一比方集中表达了鲁迅对书店及书贾帖贾的态度，那就是靠不住，因此鲁迅的态度是只要能够敷衍下去，就可以了。

书贾帖贾的形象也出现在鲁迅的作品《野草》之《死后》中，仿佛一幅"背包袱"的小伙计的素描。

作者以第一人称说，梦见自己死在道路上。

……"您好？您死了么？"

是一个颇为耳熟的声音。睁眼看时，却是勃古斋旧书铺的跑外的小伙计。不见约有二十多年了，倒还是那一副老样子。我又看看六面的壁，委实太毛糙，简直毫没有加过一点修刮，锯绒还是毛毵毵的。

"那不碍事，那不要紧。"他说，一面打开暗蓝色布的包裹来。"这是明板《公羊传》，嘉靖黑口本，给您送来了。您留下他罢。这是……"

"你！"我诧异地看定他的眼睛，说，"你莫非真正胡涂了？你看我这模样，还要看什么明板？……"

"那可以看，那不碍事。"

我即刻闭上眼睛，因为对他很烦厌。停了一会，没有声息，他大约走了。

文中所说的"明板《公羊传》"即《春秋公羊传》（又作《公羊春秋》）的明代刻本，是一部阐释《春秋》的书，相传为周末齐国人公羊高所作。"嘉靖黑口本"是业内术语，中国线装古籍书页中间折叠的直缝称为"口"，有"黑口""白口"之分。折缝上下端有黑线的叫"黑口"，没有黑线的叫"白口"。"嘉靖黑口本"是比较名贵的明代木刻书。

鲁迅事实上写的是自己熟悉的场景和事物，一个伶牙俐齿的书铺小伙计的形象活灵活现地出现在读者面前，使人如同身处民国时期的北京古城。书贾唯利是图，不仅在活人身上赚钱，而且还不忘在死人身上打算盘，"我"本是已死之人，勃古斋旧书铺的小伙子还投我所好推销书，使人诧异。"文中提到的勃古斋，可能是保古斋的化名，因为琉璃厂并无勃古斋的字号。"（姜德明《鲁迅与北京书贾》，《余时书话》，四川文艺出版社1992年9月版）推销的书是代表了经学经典的《公羊传》，一般学者解读为"对旧文化旧思想的抨击"。其实笔者认为并没有那么复杂，爱书人无不梦想拥有宋刻或明版书，这是鲁迅把他的想法带到"死后"了。

购书趣事

卖奖章买书

鲁迅在南京矿务铁路学堂读书时非常勤奋。该校规定每月一小考，凡是成绩优秀的，就发三等奖章；积了三个三等的，换发一个二等奖章；积了三个二等的，换发一个头等奖章；最后，三个头等奖章可换发一个金质奖章。全班得过这种金质奖章的，只有鲁迅一人。可见这枚金质奖章得来不易。

鲁迅得到金质奖章后，并没有戴起来炫耀，而是拿到鼓楼大街把它卖了。

鲁迅对大家说："金牌是可以用钱换的，要什么样子就可以买什么样子；再说金牌充其量只能表示当时的学习成绩，它不能证明我将来成绩的好与坏；况且金牌保存起来，它永远只是一块金牌，金牌再也变不出其它的东西来。弄得不好，反会使人增加虚荣心，滋生傲气，从此不再上进。而从书里，却可以得到知识。"（杨霁云《琐忆鲁迅》，《逸经》1936年12月5日）

卖了奖章，鲁迅买回几本心爱的书和一串红辣椒。每当读书读到夜深人静、天寒体困时，他就摘下一只辣椒，分成几片，放在嘴里咀嚼，直嚼得额头冒汗，眼里流泪，嘴里"唏唏"，顿时，周身发暖，困意消除，于是又捧起书攻读。

鲁迅买的书有他这几年中最喜欢的《天演论》。这是一本宣传达尔文进化论的书，是维新派的重要人物严复，根据英国著名生物学家赫胥黎的《进化论与伦理学》译述的。仅这一本书，就花去了 500 文钱。进化论的思想影响了鲁迅的大半辈子。

争　购

1912 年 10 月 1 日，"前与稻孙往留黎厂，见小字本《艺文类聚》一部，稻孙争购去，今忽愿归我，因还原价九圆受之。此书虽刻版不佳，又多讹夺，然有何义门印，又是明板，亦尚可臧也"。

何义门，即何焯（1661—1722），清代著名学者、书法家。江苏长洲（今苏州）人。先世曾以"义门"旌，学者称义门先生。通经史百家之学，以长于考订而有盛名，与笪重光、姜宸英、汪士铉并称为康熙年间"帖学四大家"。时人争索何书，更有好事者以重金争购其手校本。

《艺文类聚》是唐代文学家、书法家欧阳询等十余人于武德七年（624）编纂而成的一部综合性类书，也是中国现存最早的一部完整的官修类书，此书征引古籍一千四百三十一种，保存了唐代以前丰富的文献资料，与《北堂书钞》《初学记》《白氏六帖》合称"唐代四大类书"。

鲁迅与钱稻孙在琉璃厂见到明版小字本《艺文类聚》后，钱稻孙将其抢先拿下，后来又愿意以原价9元转让给鲁迅，鲁迅虽然认为此书刻版不佳，但因为是明版，又钤有何义门印，也觉得不亏，"亦尚可藏也"。寥寥数语，描述这一过程神情毕肖。

人事迁变之异

1912年10月6日，"星期休息。上午钱稻孙来，又同季市至骡马市小骨董店，见旧书数架，是徐树铭故物而其子所鬻者，予购得《经典释文考证》一部，价止二元，惜已着水。又见蔡子民呈徐白摺，楷书，称受业，其面有评语云：牛鬼蛇神，虫书鸟篆。为季市以二角银易去。人事之迁变，不亦异哉！"

徐树铭(1824—1900)，字伯澄，号澄园，长沙人，清末学者、藏书家。平生不事积蓄，唯嗜钟鼎书画金石之属，鉴赏考据甚为精赅。其"澄园"收藏图书、名帖、书画甚富。徐树铭去世后，他的儿子将数架旧书卖到了骡马市，鲁迅以2元的便宜价格购得清人卢文弨撰《经典释文考证》一部。许寿裳同时得到了蔡元培写给徐树铭的楷书白摺，这让鲁迅很是感慨人事变迁之异。

买书的理由

鲁迅买书的理由也千奇百怪，有时甚至因为作者是浙江老乡，虽然书无足观，也会买下来。如1913年4月19日，"下午至临记洋行买饼饵。至留离厂游步，又入书肆买得叶氏《观古堂汇刻书并所著书》一部，十元。又《赵似升长生册》一部二册，二角，此书本无足观，以是越人所作，聊复存之"。"本无足观"，"以是越人所作"，"聊复存之"，这个心态还是很有趣的，每个买书的人看到此处，都会会心一笑。

给原作者赠送日译本绝版书

据鲁迅介绍，《铁流》当时有德、日两种译本。德译本是1929年柏林的新德意志出版所出版，无译者名，"删节之处常常遇到，不能说是一本好书"。日译本是完全的，名为《铁之流》，1930年由东京的丛文阁出版，为《苏维埃作家丛书》的第一种；"译者藏原惟人，是大家所信任的翻译家，而且难解之处，又得了苏俄大使馆的康士坦丁诺夫的帮助，所以是很为可靠的"。但是，因为原文太难懂了，日译本的小错仍不能免，例如乌克兰俗话"妖精的成亲"，本指雷雨之前突然间乌黑起来电闪飞舞的状况，仿佛"妖女在行结婚礼"，引申为一般的阴晦和湿雨，而日译本译作"妖女的自由"，分明是误解。

由于对德版、日版《铁流》都不满意，因此，20世纪30年代初，鲁迅邀请著名翻译家曹靖华着手翻译《铁流》，之后用藏原惟人日译本亲自编校，1931年12月以"三闲书屋"名义出版。鲁迅为编校此书付出了巨大的时间、精力乃至经济等方面的代价，1931年10月10日，鲁迅写了《〈铁流〉编校后记》一文，不无自豪地说："我们这一本，因为我们的能力太小的缘故，当然不能称为'定本'，但完全实胜于德译，而序跋，注解，地图和插画的周到，也是日译本所不及的。"他称赞这部书是"鲜艳而铁一般的新花"。

《铁流》中译本出版前后，鲁迅与曹靖华在通信中多次谈到《铁流》，并把他所藏的一本绝版日文《铁流》通过曹靖华赠送给了原作者。

1932年6月24日，鲁迅致曹靖华信："日文的《铁流》已绝版，去买旧的，也至今没有，据说这书在旧书店里很少见。但我有一本，日内当寄上，送与作者就是了。"当年7月5日致曹靖华："向东京去买日译本《铁流》，至今还得不到，是绝板了，旧书也难得，所以今天已托书店将我的一本寄上，送给作者罢，乞兄转寄。"7月6日鲁迅日记载："寄靖华信并日文《铁流》一本，《文学》二本。"9月11日，鲁迅致曹靖华信:"我在这一月中,曾寄出日译本《铁流》等一包,又《北斗》等杂志共二包,不知道收到了没有?"

笔者未能查到曹靖华给鲁迅的回信,不知道曹靖华是否收到日译本《铁流》,是否转送给绥拉菲摩维支。鲁迅此后书信中再未提及日译本《铁流》,送达当无意外。此举足以说明,鲁迅收藏图书并不耽于简单的占有,他乐于让手中的藏书找到更合适的主人。

1933年,绥拉菲摩维支70岁,鲁迅发出了一份电报祝贺其七十大寿。在当年2月9日写给曹靖华的信中,鲁迅说:"《铁流》作者今年七十岁,我们曾发一电贺他,不知见于报章否?"显然很在意这一贺电是否为众人所知。通过曹靖华这一中间人,鲁迅和绥拉菲摩维支建立了深厚的文字友谊。

"线装书真是买不起了"

——鲁迅购买古籍

据 1959 年 7 月鲁迅博物馆所编三册一套的内部资料《鲁迅手迹和藏书目录》统计，鲁迅收藏的中文线装书计 946 种，7704 册，全部藏书共计 1.4 万余册。这一数字在当今各大"藏书家"面前，是相形见绌的。多乎哉？不多也。

鲁迅无意成为专门的藏书家。当然，他也无这样的财力。他一般不会像财大气粗的藏书家那样在藏书上高调钤印，当然也有郑重其事所钤者，大致有"会稽周氏收藏""会稽周氏""周树所藏"等几方印。

鲁迅藏书的特点，一方面是情切，在经济允许的情况下尽力搜求；另一方面是实用，并不讲究宋刊元椠。鲁迅收藏的 946 种 7704 册中文线装书，经史子集等常见书基本完备，据说够得上善本标准的也只有 21 种，更多的则是平常的版本。许广平 20 世纪 40 年代在《鲁迅藏书一瞥》中回忆："国学方面各种类书、丛书也占了一些地位，但似乎并没有什么难得的海内孤本……或则因为鲁迅先生平时对于善本、珍本的购买力未必很多。"孙犁曾根据《鲁迅日记》中的"书账"，寻购鲁迅所购之书，颇有收获，可见其版本之平常。

即使很平常的版本，鲁迅也能发挥其最大的功效，这才是令后世汗牛充栋的藏书家汗颜之处。比如鲁迅著《中国小说史略》，分上下两册，分别于 1923 年 12 月和 1924 年 6 月由新潮社出版。这是我国小说史研究的开山之作，到鲁迅逝世的 1936 年 10 月已印行 11 版，日本赛棱社、岩波书店也印行了增田涉的翻译本。对于这本具有开创和奠基意义的著作，鲁迅说："说起来也惭愧，我虽然草草编了一本《小说史略》，而家无储书，罕见旧刻，所用为资料的，几乎都是翻刻本，新印本，甚而至于石印本……"在另一处，鲁迅也说："我的《中国小说史略》，是先前为了教书糊口，这才陆续编成的，当时限于经济，所以搜集的书籍，都不是好本子。"

鲁迅不是"唯版本论者"。他也不是不想买版本优、品相好的古籍，但囊中羞涩，故所买都是便宜的本子，只要能用，聊胜于无。对此他也是无奈的，所以日记中常常出现"惜""劣""恶"这样的字眼。

试举几例："至琉璃厂购明袁氏本《世说新语》一部四册，二元八角，尚不十分刓弊，惜纸劣耳。"纸劣当然价廉。

"午后……又往留黎厂……又觅得《晚笑堂画传》一部，甚恶，亦以七角银购致之，以供临习。"对书不满意，但买下来也是为了临习。

"午后至留黎厂直隶官书局买陈昌治本《说文解字附通检》一部十册，是扫叶山房翻本，板甚劣，价二元。"扫叶山房的翻本也有很差的。

"午往世界书局，见所售皆恶书，无所得而出。"一读之下，似乎可以看到鲁迅几乎是带着鄙夷的神色从书店离开的。

鲁迅所买之书，用他自己的话讲，是"大抵常本"："中国旧籍亦尚寓目，上海亦有三四旧书店，价殊不昂于北平（此指我在北平时而言，近想未必大贬），故购求并不困难。若其搜罗异书，摩挲旧刻，恐以北平为宜，然我非其类也，所阅大抵常本耳。"

鲁迅对搜集古籍很是情切，早在 1911 年，在绍兴府中学堂任职的他就给许寿裳写信："吾乡书肆，几于绝无古书，中国文章，其将殒落。闻北京琉璃厂颇有典籍，想当如是，曾一览否？《李长吉诗集》除王琦注本外，当有别本，北京可能搜得。如有而直不昂，希为致一二种。"

1912 年 5 月 5 日，鲁迅随教育部到北京后，第一个星期天（5 月 12 日），第一次逛琉璃厂，便开始买书。"下午与季茀、诗荃、协和至琉璃厂，历观古书肆，购傅氏《纂喜庐丛书》一部七本，五元八角"。

琉璃厂旧书肆向来是淘旧书的好地方，生意兴旺，夏季还有夜市，鲁迅日记中便有夜游琉璃厂并购书的记载。如1912 年 5 月 30 日，鲁迅得津贴六十元，于是"晚游琉璃厂，购《史略》一部两册，八角;《李龙眠白描九歌图》一帖十二枚，六角四分；《罗两峰鬼趣图》一部两册，两元五角六分"。

1912年11月2日对鲁迅而言是个好日子，这一天，"上午得袁总统委任状"，正式任命鲁迅为教育部佥事。鲁迅显然心情大好，下午往琉璃厂，一口气购买了71册书："下午赴留黎厂购《秋波小影册子》一册，四角；《眉庵集》二册，八角；《济南田氏丛书》二十八册，四元；《说文释例》十册，三元；《邰亭诗钞》并《遗诗》二册，一元。又购粗本《雅雨堂丛书》一部二十八册，四元。"

1912年年终盘点书账，鲁迅发出了如下感慨：

> 审自五月至年莫，凡八月间而购书百六十余元，然无善本。京师视古籍为骨董，唯大力者能致之耳。今人处世不必读书，而我辈复无购书之力，尚复月掷二十余金，收拾破书数册以自怡说，亦可笑叹人也。华国元年十二月三十一日灯下记之。

这一感慨中既包含着无力致之的无奈，又有"收拾破书数册以自怡说"的自娱自乐。这一年是鲁迅在教育部任职的第一年，头衔是五等佥事，其间半年实习期只能领津贴和半俸，年底转正后才定下每月220元的薪资，全年总收入近1500元。书账中所记"百六十余元"已超过了他年收入的10%。

鲁迅在北京的这一时期，有些书价高得惊人。比如现代藏书家傅增湘 1918 年曾用 1400 元购过 100 卷 24 册的北宋本《乐府诗集》，还替王叔鲁（1937 年日本扶植的傀儡政权"中华民国临时政府"首脑之一）购过宋版《后汉书》残本，才 49 卷即费币 1500 元。再如庚子之乱以后，《永乐大典》散佚，琉璃厂文友堂以每册现金 100 元的价格收购。吴因之家藏二册，一全一残，其后人将其出售，全者卖了 3000 元，残者卖了 2000 元。这些自然是鲁迅不能望其项背的。

到了 1913 年 3 月 16 日，星期休息，"下午整理书籍，已满两架，置此何事，殊自笑叹也"。

一边自嘲，但还是一边买书，1913 年年终盘点，全年买书共花去 310.22 元，月均 25.85 元：

> 本年共购书三百十元又二角二分，每月平均约二十五元八角五分，起孟及乔峰所买英文图籍尚不在内。去年每月可二十元五角五分，今年又加增加五分之一矣。十二月卅一日灯下记。

北京时期，鲁迅购书于 1916 年达到峰值，全年共花费 496.52 元。1919 年 11 月 21 日，鲁迅及其家人迁入八道湾 11 号，有了固定的住所，同时，他与周作人的藏书也日渐丰富。书籍增加了，书架当然也要增加，1920 年 7 月 24 日，鲁迅"买书架六。下午整理书籍"。

但这一藏书、读书、教书写书的平静局面于 1923 年 7 月遭受重创。这一年 7 月 14 日，周氏兄弟分灶吃饭，感情失和，同时，藏书也面临着分家。26 日上午，鲁迅往砖塔胡同看屋，下午收拾书籍入箱。29 日，"星期休息。终日收书册入箱，夜毕"。30 日，"上午以书籍、法帖等大小十二箱寄存教育部"。可见鲁迅从八道湾带出的第一批书籍、法帖共计 12 箱。1924 年 6 月 11 日，鲁迅又往八道湾取了一趟书，并与周作人（启孟）夫妇发生了激烈的冲突："下午往八道湾宅取书及什器，比进西厢，启孟及其妻突出骂詈殴打，又以电话招重久及张凤举、徐耀辰来，其妻向之述我罪状，多秽语，凡捏造未圆处，则启孟救正之，然终取书、器而出。"16 日，午暴雨，下午霁，"整顿书籍至夜。月极佳"。似乎只有在整理书籍的时候，心情才显得愉悦，能够抬头看见"月极佳"了。

兄弟失和后，鲁迅生活秩序重构，心情灰暗，购书断崖式下跌，1923 年全年购书 149.2 元。1924 年全年仅为 99.24 元，"每月平匀八.二八六元耳"，月均仅为 8.286 元，一个"耳"字，包含着诸多人生无奈、世事沧桑的心酸。

1924 年 5 月，鲁迅迁入宫门口西三条胡同 21 号，过了两年，他又买了一个书柜：1926 年 8 月 14 日，"午往小市买书柜一个，泉十元"。书柜的增加见证着藏书的增加。鲁迅日记中记录买书柜仅两次，这次之外，另一次是居住在上海时的 12 月 23 日，"买书柜一个，泉十元五角"。当时，鲁迅迁入景云里 23 号不久。

关于西三条胡同 21 号的这个书柜，鲁迅晚年还在致宋琳的信中提及过：

> 《农书》系友托购，而我实有一部在北平，今既如此难得，拟以所藏者与之，而藏在何处，已记不真切。所以请于便中往舍间一查，客厅中有大玻璃书柜二，上部分三层，其上二层皆中国书，《农书》或在其内；此书外观，系薄薄的八本（大本）或十本，湖色绸包角，白纸印，一望可辨大略，取疑似者，抽出阅之，或可得也。倘在，而书面已陈旧，则请兄饬人换较好之书面，作一布套寄下。如无，则只可等书坊觅得矣。

宋琳（紫佩），鲁迅学生兼同乡。此次写信，是委托他去西三条胡同查找元人王祯所著《农书》。虽然离开北平已有十年，距上一次探亲相距也已四年，但鲁迅对西三条书柜中的藏书分布还是记得非常清楚，同时，对这部书的外观也描述得非常清楚，其时距鲁迅逝世仅有一周。手自经营之家、不时摩挲之书，遥示学生搜捡，竟如亲见，令人感佩。

鲁迅在北京的 14 年时间里省吃俭用，用近四千元来买书。他在与书店打交道的过程中，对古籍的识见之高、之准，罕有其匹。

比如："昨今两夜从《说郛》写出《云谷杂记》一卷，多为聚珍版本所无，惜颇有讹夺耳，内有辨上虞五夫村一则甚确。"

"买得新印《十万卷楼丛书》一部一百十二册，直十九元。其目虽似秘异，而实不耐观，今兹收得，但足以副旧来积想而已。"

到上海以后，鲁迅的生活安定下来，也有稳定的居所，还有专门的藏书室，书买得尤多，一年常在 800 元以上，1930 年达到峰值，为 2404.5 元，月均 200.375 元，而五年前他购买北京阜成门内西三条胡同的一套四合院，才花了不到 1000 元。

1934 年 7 月 10 日，鲁迅作《买〈小学大全〉记》一文，发表于 8 月 5 日《新语林》半月刊第三期，署名杜德机，文中记录了自己在上海四马路买到一部清朝禁书《小学大全》的情形：

线装书真是买不起了。乾隆时候的刻本的价钱，几乎等于那时的宋本。明版小说，是五四运动以后飞涨的；从今年起，洪运怕要轮到小品文身上去了。至于清朝禁书，则民元革命后就是宝贝，即使并无足观的著作，也常要百余元至数十元。我向来也走走旧书坊，但对于这类宝书，却从不敢作非分之想。端午节前，在四马路一带闲逛，竟无意之间买到了一种，曰《小学大全》，共五本，价七角，看这名目，是不大有人会欢迎的，然而，却是清朝的禁书。

《小学大全》的编纂者尹嘉铨（1711—1782），今河北人，官至大理寺正卿、稽察觉罗学主管。他奏请乾隆皇帝令旗籍子第读朱熹《小学》，深得乾隆赞同。后尹嘉铨将《小学》加疏，增加《考证》《释文》《或问》各一卷及《后编》二卷合为《小学大全》，得到乾隆的嘉评。乾隆四十六年（1781）三月，乾隆巡幸保定，已致仕回家的尹嘉铨派儿子呈送奏章，为其父尹会一请谥及从祀孔子庙，得到的朱批是："谥乃国家定典，岂可妄求？此奏本当治罪，念汝乃父子私情，故免之。若再不安分家居，当罪不可逭矣！"尹嘉铨却追加一本，仍坚持为其父请谥，乾隆大怒，朱批："竟大肆狂吠，不可逭矣。"即令除去顶戴，锁交刑部审讯，定为死罪，后免死。同时查抄其老家和在京寓所，销毁其著述 93 种，抽毁其写过序跋的书籍 6 种，磨毁其撰写的碑文 7 块。

《小学大全》也在销毁之列。鲁迅买到的《小学大全》是光绪二十二年开雕、二十五年刊竣、"宣统丁巳"（1917）重校的"遗老本"。鲁迅感慨，乾隆朝所竭力"销毁"的书，"不到一百三十年，又从新奉为宝典了"，这恐怕是乾隆皇帝所料不及的。

鲁迅所在的时代，明人小品和清代禁书，"市价之高，决非穷读书人所敢窥伺"。但鲁迅也注意到，《东华录》《御批通鉴辑览》《上谕八旗》《雍正朱批谕旨》等等，"却好像无人过问，其低廉为别的一切大部书所不及"，鲁迅也有一个设想："倘有有心人加以收集，一一钩稽，将其中的关于驾御汉人，批评文化，利用文艺之处，分别排比，辑成一书，我想，我们不但可以看见那策略的博大和恶辣，并且还能够明白我们怎样受异族主子的驯扰，以及遗留至今的奴性的由来的罢。"

鲁迅晚年虽然并没有精力做这样的"有心人"，但他在作于当年年底的《病中杂谈》一文中，却延续了对于文字狱的思考，将其称作"虐政"。鲁迅说："清朝有灭族，有凌迟，却没有剥皮之刑，这是汉人应该惭愧的，但后来脍炙人口的虐政是文字狱。虽说文字狱，其实还含着许多复杂的原因，在这里不能细说；我们现在还直接受到流毒的，是他删改了许多古人的著作的字句，禁了许多明清人的书。"

鲁迅还描述了在吴兴刘氏嘉业堂买新刻本禁书《安龙逸史》的情形。（详见本书《嘉业堂》一节）

鲁迅记述，嘉业堂主人刘承幹在每种书的末尾都有跋文，他以清朝的遗老自居，但只着重"遗老"二字，而毫不问遗于何族，遗在何时，鲁迅讽刺他"为遗老而遗老"。

鲁迅不以最好的本子为搜求目的，所见均是普通古籍普通材料，但出手均是锦绣文章，飞花落叶都是兵器，这才是顶尖高手。

鲁迅寄购的书店（存目）

本存目仅列举鲁迅向书店寄书款和买书的情况，不收录通信、通明信片等情况。

辰文社

日本东京的一家书店，店主为中岛卯三郎。

1917年4月23日，"上午寄丸善银十六圆五角，辰文社银三圆五角"。

东京堂

日本东京的一家书店。1890年3月10日由高桥新一郎创立，1892年6月改为文武堂，1917年成为株式会社东京堂书店。

1917年6月13日，"午后寄实业之日本社银四元，东京堂二元"。

6月30日，"上午得东京堂所寄《露国现代之思潮及文学》一册"。

8月13日，"上午得东京堂信并《日本一之画噺》一合五册"。

8月20日，"上午得东京堂所寄书三册"。

9月6日，"上午寄东京堂银六圆"。

10 月 2 日，"上午东京堂寄来陀氏小说三本，高木氏童话二本，共一包"。

11 月 2 日，"得东京堂信并《文艺思潮论》一册"。

12 月 3 日，"东京堂寄来书籍四本，即以一本寄越中"。

12 月 28 日，"上午得东京堂书籍三册"。

1918 年 2 月 19 日，"上午东京堂寄来《口语法》一本，代钱玄同买"。

3 月 20 日，"午后寄羽太家信并泉卅又东京堂泉三"。

4 月 3 日，"上午得东京堂寄书籍二册并信"。

4 月 4 日，"上午寄东京堂及丸善信各一"。

4 月 17 日，"上午东京堂来信并书一包"。

5 月 18 日，"东京堂寄来书籍一包"。

5 月 31 日，"上午东京堂寄来《新进作家丛书》五册"。

6 月 14 日，"上午收东京堂所寄书籍一包"。

7 月 23 日，"寄东京堂书店泉廿"。

8 月 13 日，"上午收东京堂寄杂志六本，又别封一本"。

11 月 21 日，"上午东京堂寄到书籍五本"。

12 月 16 日，"上午东京堂寄来书籍两本"。

12 月 31 日，"东京堂寄来书籍二本"。

1919 年 1 月 30 日，"午后寄东京堂泉十"。

2 月 26 日，"上午东京堂寄到书籍一包三册"。

3 月 15 日，"上午收东京堂所寄书一包"。

3 月 19 日，"上午东京堂寄来小说一册并明信片"。

4 月 9 日，"东京堂寄来《新潮》三月号一册"。

4 月 29 日，"收东京堂寄杂志一本"。

石川文荣堂

日本东京的一家书店。1916 年相模屋书店主人去世后，善后事务由石川文荣堂处理。

1917 年 6 月 25 日，"得石川文荣堂函，内书帐结讫"。

中西屋

日本东京的一家西文书店，1881 年丸善书店经理早矢仕有开设于东京神田，1934 年并入丸善书店。鲁迅留日时常去该店，回国后仍有联系。

1918 年 6 月 29 日，"下午得中西屋寄二弟书一包"。

7 月 1 日，"得丸善信并书一包，又中西屋书一包，各一本，皆二弟所定"。

其中堂

日本京都的一家古籍书店。1921 年至 1929 年间鲁迅常向它邮购书籍。

1921 年 2 月 3 日，"寄日本京都其中堂信并泉四元四十钱购书"。

2 月 16 日，"上午其中堂寄来《水浒画谱》二册，《忠义水浒传》前十回五册，书目一册"。

2 月 19 日，"上午得其中堂书店信"。

4 月 30 日，"寄其中堂信并泉三圆四十钱"。

5 月 17 日，"上午其中堂寄来《李长吉歌诗》三册，《竹谱详录》二册，共泉四元四角"。

1923 年 1 月 6 日，"其中堂寄到书目一本"。

1 月 9 日，"寄其中堂泉三元"。

1 月 26 日，"其中堂寄来《五杂组》八册，《麈余》二册，共泉四元六角"。

2 月 7 日，"晚得其中堂寄来之左暄《三余偶笔》八册，《巾箱小品》四册，共泉三元二角"。

2 月 11 日，"夜其中堂寄来《世说逸》一册，五角"。

2 月 26 日，"下午其中堂书店寄到《巢氏诸病源候论》一部十册，值亦二元"。

1924 年 1 月 5 日，"收其中堂所寄书目一本"。

1925 年 1 月 5 日，"收其中堂书目一本"。

1929 年 2 月 16 日，"午后寄其中堂信"。

2 月 26 日，"收其中堂书目一本"。

3 月 6 日，"下午寄日本其中堂书店信并金十二圆"。

3 月 21 日，"上午得其中堂信片"。

3 月 22 日，"下午收其中堂所寄《唐国史补》及《明世说》各一部，共泉五元六角"。

3 月 23 日，"上午寄其中堂书店信"。

4 月 5 日，"上午其中堂寄来《图画醉芙蓉》《百喻经》

各一部，共泉六元四角"。

芸草堂

日本的一家书店。明治二十八年（1895）四月山田直三郎创设于京都，大正七年（1918）增设东京店。出版经营美术书籍。

1923 年 2 月 7 日，"二弟亦从芸草堂购得佳书数种"。

1929 年 3 月 2 日，"上午内山书店送来从芸草堂购得之画谱等四种，共泉十元五角"。

东亚公司

日本人设在北京东单的商店，附带出售日本书籍。鲁迅1924 年至 1926 年间常往购书。

1924 年 4 月 8 日，"往东亚公司买《文学原论》《苦闷の象征》《真实はかく侔る》各一部，共五元五角"。

1924 年 10 月 11 日，"往东亚公司买《近代思想十六讲》、《近代文艺十二讲》、《文学十讲》、《赤露见タママの记》各一部，共泉六元八角"。

11 月 28 日，"下午往东亚公司买《辞林》一本，《昆虫记》第二卷一本，共泉五元二角"。

12 月 12 日，"往东亚公司买《希腊天才之诸相》一本，ケーベル《続続小品集》一本，《文艺思潮论》一本，共泉五元二角"。

12 月 13 日，"往东亚公司买《托尔斯泰卜陀斯妥夫斯丌》一本，《伝说の时代》一本，《浅草ダョリ》一本，《人类学及人种学上ョリ见タル北东亚细亚》一本，共泉九元四角"。

12 月 16 日，"东亚公司送来亚里士多德《诗学》一本，勖本华尔《论文集》一本，《文艺复兴论》一本，《昆虫记》第一卷一本，共泉六元四角"。

12 月 19 日，"东亚公司送来《革命期之演剧与舞踊》一本，价泉六角也"。

12 月 28 日，"下午往东亚公司买《タイス》一本，泉一元"。

1925 年 1 月 6 日，"往东亚公司买《新俄文学之曙光期》一本，《支那马贼裏面史》一本，共泉二元二角"。

1 月 22 日，"往东亚公司买《近代恋爱观》一本，泉二"。

2 月 13 日，"往东亚公司买《思想山水人物》一本，二元"。

2 月 14 日，"上午东亚公司店员送来《露国现代の思潮及文学》一本，三元六角"。

3 月 5 日，"晚往东亚公司买《新俄美术大观》一本，《现代仏兰西文芸丛书》六本，《最新文芸丛书》三本，《近代剧十二讲》一本，《芸术の本质》一本，共泉十五元八角"。

3 月 25 日，"往东亚公司买《学芸论钞》《小说研究十二讲》《叛逆者》各一本，共泉四元六角"。

7 月 28 日，"午后往东亚公司买《コカリ》一本，三元"。

8 月 11 日，"往东亚公司买《支那童话集》《露西亚文学の理想と现实》《赌博者》《ツアラトウストラ》《世界年表》各一本，共泉十元二角"。

8月26日，"往东亚公司买《革命と文学》一本，一元六角"。

9月9日，"往东亚公司买《ヶーベル 博士小品集》、厨川白村《印象记》、《文芸管见》各一部，共泉四元五角"。

9月14日，"往东亚公司买《支那诗论史》一本，《社会进化思想讲话》一本，共泉四元"。

9月26日，"往东亚公司买《支那文化の研究》一本，《支那文学史纲》一本，《南蛮広记》一本，共泉九圆三角"。

10月14日，"往东亚公司买《西藏游记》一本，二元八角"。

11月5日，"往东亚公司买《近代の恋爱观》《爱慾と女性》《创造的批评论》各一本，泉五"。

11月13日，"往东亚公司买《犬・猫・人间》一本，一元五角"。

12月3日，"往东亚公司买《芸术と道德》《続南蛮蛮记》各一本，共泉四元八角"。

12月14日，"往东亚公司买合本《三太郎日记》一本，二元二角"。

12月30日，"往东亚公司买《近代美术十二讲》一本，二元六角"。

1926年2月3日，"往东亚公司买《戏曲の本质》一本，《仏兰西文学の话》一本，《日本漫画史》一本，共泉六元八角"。

2月4日，"东亚公司送来《アルス美术丛书》四本，共泉六元八角"。

2月23日，"往东亚公司买书九种，共泉二十四元八角"。

3月23日，"往东亚公司买《爱と死の戏》一本，《支那上代画论研究》一本，《支那画人伝》一本，共泉七元四角"。

4月9日，"往东亚公司买《美学》一本，《美学原论》一本，《有岛武郎著作集》一至三各一本，绒布制象一个，共泉七元。访齐寿山，以绒象赠其第三子"。

4月17日，"往东亚公司买《有岛武郎著作集》第十一一本，《支那游记》一本，共泉二元五角"。

4月26日，"往东亚公司买《有岛武郎著作集》第十二辑一本，一元二角"。

4月27日，"往东亚公司买《最近之英文学》一本，二元"。

5月3日，"夜东亚公司送来《男女と性格》《作者の感想》《永远の幻影》各一本，共泉四元五角"。

5月21日，"晚东亚公司送来《有岛武郎著作集》第十三至十五辑共三本，计泉三元七角"。

6月1日，"在东亚公司买《有岛武郎著作集》第十六辑一本，《无产阶级芸术论》一本，《文芸辞典》一本，共泉四元六角。从小峰收泉百"。

6月2日，"东亚公司送来《文学に志す人に》一本，一元四角"。

6月19日，"夜东亚公司送来《现代法兰西文芸丛书》

四本,《东西文芸评论》一本，共泉八元二角"。

6 月 22 日，"夜东亚公司送来《ァルス美术丛书》七本，十二元八角"。

6 月 26 日，"往东亚公司买《猿の群ガ6共和国まづ》一本,《小说ガり见たる支那の民族性》一本,共泉三元八角"。

7 月 3 日，"往东亚公司"。

7 月 5 日，"夜东亚公司送来《新露西亚バンフレツト》二本,《现代文豪评伝丛书》四本，共泉八元二角"。

7 月 10 日，"往东亚公司买《诗魂礼赞》一本，一元三角也……夜东亚公司送来《仏兰西文芸丛书》一本，一元四角"。

7 月 19 日，"夜东亚公司送来《バイロン》一本,《无产阶级文学の理论と实际》一本，共二元二角"。

8 月 1 日，"往东亚公司买《风景は动く》一本，二元"。

8 月 5 日，"夜东亚公司送来《 アルス美术丛书》《近代英诗概论》各一本，共泉五元四角"。

8 月 10 日，"夜东亚公司送来《仏教美术》一本,《文学论》一本，共泉五元二角"。

8 月 13 日，"东亚公司送来《东西文学比较评论》一部二本，共泉七元四角"。

1929 年 5 月 27 日，"往东亚公司买插画本《项羽 と刘邦》一本，泉四元六角"。

共和书局

设于广州永汉路。鲁迅 1927 年 8 月离广州前，将北新书屋存书全部转让该局。

1927 年 8 月 13 日，"下午同广平往共和书局商量移交书籍"。

8 月 15 日，"上午至芳草街北新书屋将书籍点交于共和书局，何春才、陈延进、立峨、广平相助，午讫，同往妙奇〔季〕香午饭"。

别发洋行

美国侨民开设的商号，亦销售图书。位于上海南京路（今南京东路）。

1928 年 3 月 28 日，"上午同方仁往别发洋行买 *Rubáiyát* 一本，五元"。

浣花斋

在杭州，创立于 1637 年，最初叫"杭州浣花斋南纸号"，与北京荣宝斋、上海朵云轩齐名。鲁迅写信习惯使用浣花斋出品的信笺，曾托许钦文购得四十余种。

1929 年 3 月 8 日，"得钦文信并信笺四十余种"。即是许钦文从浣花斋购得的。

瀛环书店

即瀛寰图书公司，德国人伊蕾娜办的西文书店，位于静安寺路（今南京西路）。

1930年12月2日，"午后往瀛环书店买德文书七种七本，共泉二十五元八角"。

传经堂

上海的一家旧书店，该店定期向读者发送出售书目。

1935年1月26日，"传经堂寄来书目一本"。

汉文渊书店

1935年1月31日，"午后往汉文渊书店买得旧书四种十八本，十元六角"。

后 记

这是我的第五部鲁迅微观研究专著。前四部分别是《鲁迅草木谱》《鲁迅的饭局》《鲁迅的封面》和《鲁迅的门牌号》，均由广西师范大学出版社出版。我以这五部"微观鲁迅"小成果向大先生致敬。

本书以书店为切入点研究鲁迅。上卷以时间为轴，研究了与鲁迅关系密切的 28 家书店，侧重于鲁迅与书店之间的互动。下卷以话题为线索，研究了鲁迅购书、抄书、订书、藏书的一些史实。所收部分图片来自网络。出自《鲁迅全集》的引文不再单独标出。

感谢叶梓先生的推荐、况正兵先生的厚爱。拙著能在鲁迅先生的家乡出版，实属缘分，倍感荣幸。

本书脱稿之日，陇原大雪弥天，丰年有兆，欣喜莫名。

薛林荣

于秦州古城水月寺东巷

2021 年 10 月 10 日

知 · 趣丛书

名士派：世说新语的世界　　徐大军　著

从"山贼"到"水寇"：水浒传的前世今生　　侯　会　著

梦断灵山：妙语读西游　　苗怀明　著

探骊：从写情回目解味红楼梦　　刘上生　著

所思不远：清代诗词家生平品述　　李让眉　著

梨园识小录　　陈义敏　著

志怪于常：山海经博物漫笔　　刘朝飞　著

儒林外史人物论　　陈美林　著

沈周六记　　汤志波　秦晓磊　主编

史记八讲　　史杰鹏　著

敦煌的民俗与文化　　谭蝉雪　著　李芬林　编

拾画记　　任淡如　著

神魔国探奇　　刘逸生　著

明人范：生活的艺术　　袁灿兴　著

寻幽殊未歇：从古典诗文到现代学人　　杨　焄　著

水浒琐语　　常　明　著

玉石分明：红楼梦文本辨　　石问之　著

鲁迅的书店　　薛林荣　著